人間教育の道

40の提言

梶田叡一［著］

金子書房

プロローグ　自分なりの花を咲かす人に

時代の進展と共に、子供達の心身の発達加速、科学技術の発展を中心とした知識爆発、国境を越えて人も資金も技術も濃密に交流するグローバル化が急速に進んでいます。これに伴い、教育に期待され要求される内容も著しく増大しています。家庭の親御さん達も学校の教師の方々も、また文部科学省や教育委員会、学校法人といった教育の世話役をする機関の方々も、こうした期待や要求に何とか応えていかなくてはなりません。教育に関わる者は誰しも、改めての覚悟が必要となる時期ではないでしょうか。

「有能な人」より「主体的な人」に

こうした大きな転換期にあるからこそ、教育に関わる者なら決して失念してはならないことがあります。それは子供が本来どのように育てばいいのか、教育の大目標は何であるべきなのか、という根本的な見通しです。教育を通じて、確かに、未来社会からの期待や要求に応えられるような資質・能力を一人一人に育成していかなくてはなりません。しかしながら、そうした資質・能力を身につけていく一人一人の主体そのものの育ちを、けっして見落とすことがあってはならないのです。一人一人が「しっかりした主体的人間」「本当の主人公」になる、という育ちです。教育基本法の第1条の規定で「教育は、人格の完成を目指し」と言われていることの意味を再確認したいものです。

私達は、こうした教育の大目標を実現するための教育をこそ推進しよう、ということで「人間教育」というモットーを掲げ、さまざまな面からの検討と実践的取り組みを進めてきました。要は、単に「有能な人」「できる人」を育てていくだけでは駄目なのです。ましてや若い時に有名高校なり有名大学なりを出たということだけを誇りに、残りの長い期間を生きていく人になっては、その人の現実の人生が気の毒なものになってしまうのです。立身出世志向に典型的に見られるような、社会で活躍して自分自身の社会的意味づけ（＝位置づけのアイデンティティ）を向上させ、それを頼りに生涯を生きていこうとする人になっては、紆余曲折を余儀なくされる人生百年時代、どうにもならなくなるでしょう。

私達は、（将棋（しょうぎ）やチェスの）「有能な駒（こま）」でなく「賢明な指し手」を育てよう、と言い交してきました。「随処（ずいしょ）に主（しゅ）となる人」（注1）となるように、「どのような場でも自分なりの花を咲かすことができる人」となるように、といった大きな願いを、教育に関わる者一人一人が今こそ再確認すべきではないでしょうか。

どこに居ても自分なりの花を咲かせる人に

ささやかでもいいから自分なりの志や夢を持ち、それを実現するために必要な資質・能力を常に磨き続けようとする人、そして次々と当面する困難な課題に対して粘り強く立ち向かっていける強靭な人、他の人の喜怒哀楽の気持ちに寄り添い共感する感性を磨き、人々の幸福感・満足感を増大することに努める人、そして何よりも自分自身の人生を、まさに自分ごととして自分なりに充実させ楽しんでいける人、が育っていってほしいと、親や教師なら誰しもが願わざるをえません。

幼稚園から小学校、中学校、高等学校、大学と、それぞれの発達段階において、目に見える資質・能力だけでなく、人間としての基本的在り方そのものの成長を図っていくことを考えていかなければなりません。そのためにこの時期には何を優先的にやらせておかなければならないのか、何については時に応じて指導助言していかなくてはならないのか、教育に関わる者一人一人が今こそ真剣に考えてみなくてはならないでしょう。

主体的で、対話的で、深い学びを通して

もちろん学校では、勉強を大切にしなくてはなりません。学校教育であるからには、各教科の基本的内容についての学びは不可欠です。しかし、何が何でも勉強を、というのではどうにもなりません。最近の学習指導要領改訂で、「主体的・対話的で深い学び」という形で、勉強の仕方そのものについての注文がつけられていることの重みを、きちんと受け止めたいものです。

当然のことながら、「主体的な学び」とは単に能動的に動き回る中で学べばいいということ

ではありません。自分なりの課題意識・問題意識をきちんと持って学ぶことです。「先生が大事だと言うから」「これでもって評価されるから」ではなく、「自分にはこういう意味で大切だと思えるから」「自分にとってこういう意味で必要と思えるから」といった「エゴ・インボルブメント（自我関与）」が不可欠なのです。学校の授業でも、こうした方向での「発問」や「課題提示」、「導入の活動」の工夫がとりわけ大事になるでしょう。

「対話的な学び」で大切なのは、自分とは異なった感覚や発想や結論に向けても自分自身を開き、自分自身の感覚や考え方を見失うことなく、自他の意見の擦り合わせを行うことです。単に話し合えばいいのではなく、他の人の言葉に耳を傾け、心を開く訓練をしなくてはなりません。そして同時に、自分自身の心の奥にあるものにも目を向ける努力をしつつ、自他の違いと同一性を見つめていく姿勢が不可欠となるでしょう。

そして「深い学び」です。これは一言で言えば、自分自身の実感・納得・本音に根ざした学びをすることです。自分自身の多様な体験に根ざし、自分自身の基本的な感覚や発想を踏まえて、自分で学んだことが自分自身の身についた財産として本当に生きていく、ということを目指しての学びを実現していかなくてはならないのです。

こうしたことを念頭に置きながら、子供達の日々の勉強が上っ滑りのものにならないよう、親御さんにも教師の方々にも改めてお願いしたいと思います。

教育本来の目標を、常に再確認しておきたいものです。教育はより良い社会を建設するためのものであると同時に、あるいはそれ以上に、その子なりの充実した人生を歩めるよう準備させるためのものです。そうした人間教育の原点に立ち返って、親も教師も教育の管理運営に関わる方々も、これまで以上に充実した教育を実現させようという決意を固め、精力的な取り組みを進めていきたいものです。

注

1　禅仏教の有力な一派である臨済宗の開祖、臨済義玄禅師の言行録『臨済録』の「示衆十七」にある「随処作主立処皆真（随処に主となれば立つ処みな真なり）」からの言葉。「どのような場面や状況においても主体的に自分自身に徹し切っていれば、あらゆることが真実となる」といった意味。臨済義玄禅師は9世紀の中国（唐の時代）に生きた人。

人間教育の道――40の提言　目次

第Ⅰ部

来日されたベンジャミン・ブルーム先生と（1983年7月）

1　自己の主（あるじ）になるために

自分自身の主（あるじ）になるということ、本当の主体性を身につけるということ、これはどのようにしたら実現できるのでしょうか。

自分で一所懸命に生きているだけでは、このことは実現しません。そうした自分を時に振り返り、対象化してみること、それによって自分自身を監督し、統制し、方向づけるといった自己対応の力と習慣をつけること、このことが「自分自身を主人公として生きていく」上で必須の課題となります。こうした自覚と自己対応に導いていくことこそ、人間教育の目指すところ、「人間性の涵養」の中核的課題となるところでしょう。「好きなことを好きな時に好きなようにやらせるのが本当の愛情、真の教育の道」といった無責任で放任主義的な言説を、日本の社会から、そして教育界から、追放したいものです。

「自分自身の主人公」となるための主我機能

何よりもまず、挨拶の励行や時間順守など様々な場面でケジメをつけることができるよう日常的に努めるようになってほしい、ということをよく言ってきました。こうした形で人間教育の基盤創りとも言える自己対応、自己規律の訓練をさせたいわけですが、この背景には以下に概略を述べる心理学的な自己統制メカニズムの想定があります。

人間の内面世界の機能の仕方として、多くの人が3つの基本メカニズムを考えてきました。フロイト(注1)的に言うと、「イド」と「エゴ（自我）機能」と「スーパーエゴ（超自我）機能」ですし、これらに対応させて私の言葉で表現すると、「欲動の世界」「現実適応的な主我機能」「価値追求的な主我機能」となります。私自身はこれにもう1つ、「無我的大我的な主我機能」（「ウルトラエゴ」とでも呼んだらいいでしょうか）を付け加えて、四つの基本メカニズムを考えています。

人は誰も、時々刻々「あれが欲しい」「これをやりたい」といった「欲動世界」の活動を基盤として生きています。これはまさに生命活動と言うべきものであって、善悪とは無縁の、生命力そのものの働きです。これが弱くては、そもそも生きていくこと自体が危うくなります。

しかし、この「欲動世界」を野放しにしておくと、「やりたいことはやる」「欲しいものは手に入れる」といったことを最優先した、まさに「好き勝手な」生き方にならざるをえなくなります。これは、ある意味では「自らを主とする」ものですが、自分自身の欲求欲望に振り回された行き当たりばったりの言動にならざるをえないという意味では、「自分を見失っている」状態と言っていいでしょう。こうした形で「欲動」を主人公にしてやっていきますと、結局のところは自己全能感に満たされ、傍若無人な態度となってしまいます。そしてこれをそのまま野放しにすれば、個々人の欲求・欲望が互いにぶつかり合って「万人の万人に対する闘い」(注2)にならざるをえなくなるでしょう。

ということで、お釈迦様(注3)の教えにもあるように、「自らを主(あるじ)とすることなく、自らの主(あるじ)となる」ことが必要となります。このために、自己の欲動統制のためのケジメの習慣、自己統制の働きが求められることになるのです。そして社会においては、こうした個々人の自己統制の大枠ともなる「法と秩序」が求められることになります。これらがうまく機能すれば、各自がＴＰＯ（時・場所・場合）に合った形で「自らの主(あるじ)」となり、社会的には他の人と調和的共働的に動いていけることになります。心理学的に言えば、自らの「欲動世界」に振り回されないで、それを自分自身の統制下に置くことができるようになるわけです。

こうした自己統制を臨機応変に、また適時適切な形でやっていくために、まずもって「現実適応的な主我機能（エゴ機能）」を働かせなくてはなりません。このために必要となるのは、現実検証と自己統制の働きです。

「欲動世界」の持つ欲求欲望のエネルギーを適切な形で誘導し、充足させるためには、何よりもまずＴＰＯの認識が不可欠となります。自分が今ここで置かれている時や場などを適切に認識し、そこでの欲求充足のルールを、制約条件を含めて理解しておくことが必要です。その上で、その時その場に合うように自己統制し、自らの欲求欲望の充足を内外の枠組みに添った形で図るべく自分自身の欲求欲望を時に抑制したり、変形して充足を図ったりしなくてはならないのです。このために必要とされるのが現実検証能力であり、現実認識に適合するよう自己の欲求・欲望をコントロールする自己統制力です。これが「現実適応的な自己統制能力（エゴ機能）」と呼ばれるところです。

　そうした土台の上に、時にはこうしたＴＰＯ的「現実適応」を超えたところで、自分自身が「善し」とするところ、「美しい」とするところ、「正しい」とするところ、「崇高」とするところ等々といった「価値ある何か」のために、自分自身の言動や在り方を統制する「価値追求的（スーパーエゴ的）な主我機能」が必要となります。

　人は現実の状況に適応すればよいだけでなく、現実を乗り越えて、より善なるもの、より美しいもの、より正しいもの、より崇高なもの等々といった価値の方向を目指す存在でもあります。たとえ損をしてでも、嫌な思いを耐え忍んででも、善なるもの美しいもの正しいもの崇高なもの等々を追い求めるための努力を怠らないのが人間の持つ高次の可能性です。この点は古今の優れた識者が様々な形で指摘している通りですが、端的に言えば、こうした価値志向性を満足する方向に向けて主我機能を用いていくことを学んでいかねばならないのです。「より良い現実適応」を犠牲にしてでも実現すべき価値がある、ということを理解し、それを現実のものとする力を付けていくことも、「自分自身の主人公」として生きていくためには不可欠だからです。自分が大事にしたいことのためには、他の人と衝突することも、種々の形での損をすることも顧みない、ということが必要になる場合があるのです。

　こうした「価値追求的な主我機能」を強化していくためには、自分持ちの価値感覚を磨くこと、さらにはその価値の方向に自分自身を緩急自在に向けていくための柔軟で粘り強い価値追求的な自己統制力が必要となります。価値感覚の深化拡大のために、自分自身を揺さぶり感動を与えてくれる善きもの美しいもの崇高なもの等に出会う体験を1回でも多く持ちたいものです。また、言葉を越えた真善美聖などの感覚で身内が打ち震えるような体験や認識について互いに話し合ってみたり、関連の読書や作品鑑賞をしてみたりする中で、真善美聖などの世界を自分自身の中に築き上げていくことに努めたいものです。

無我的で大我的な主我機能のトレーニングも考えたい

ここまでのところは、多くの人にとって馴染み深いところでしょう。しかしもう一つ、「現実適応」を超越し、「価値実現」を超越する形で自分自身の「欲動世界」に対応する主我機能を考えておきたいと思うのです。これは「無我的」で「大我的」で、ある意味では「他力的」な主我機能であり、「ウルトラエゴ機能」とでも呼びたい自己対応の在り方です。人は時には現実適応的に自己統制することを考えないで、また「大事なことの実現のために」自己を方向づけることをも放棄して、自分自身の深部に潜む「本源的自己」から湧いてくるところに浸り込むことが必要ではないか、と思うのです。

現実適応や価値実現へと向かう自分自身の姿を、時には冷静に見つめ直し、心理的な距離を取りながら自己統制の力を抜き、緊張感は保ちながらも「あるがまま」の心境に委ねてみる、ということです。こうした時間を持つことも、自分自身の主人公として大所高所から本当の自分を生かしていく力を発揮していくために、時に必要となるのではないでしょうか。これによって、自分自身が十分に意識していない世界に潜む本源的自己の渇きや希求にも気づくことができるようになるでしょう。さらには、価値的な世界を捨象した世界、味気なくても不条理でも「何ともない」といった世界に、ドッシリと腰を落ち着け、開き直ってみることもできるようになるはずです。

　こうした形で現実適応と価値実現を超越した世界へと自分自身を向かわせる、といった精神的姿勢を、私は「無我的で大我的な主我機能（ウルトラエゴ機能）」と呼んでいます。これは「自らを主（あるじ）とする」ことを避け、「自らの主（あるじ）」となることも避け、「大きな呼び声」の命ずるところに応えて、その時その場でのやるべきことに「只管（しかん）（ただひたすら）」取り組む、という事態に我々を導くものです。「小我を乗り越えて大我に生きる」ことに繋がる主我機能と言ってよいのではないでしょうか。

　しかしながら、こうした無我的で只管（しかん）（ただひたすら）の境地に導く主我機能に気づくためだけにも、さらにはこの機能を十分な形で発揮できるようにしていくためにも、どうしてもトレーニングが必要となります。古代インドで発達したヨガ的な瞑想法、中国に入って発展した様々な禅的修業法、そして我が国でも栄西（ようさい）(注4)や道元(注5)などが日本独自に発展させた禅なども、そうしたトレーニングの道ではないでしょうか。また法然(注6)や親鸞(注7)らの指導した「南無阿弥陀仏（なむあみだぶつ）」を繰り返す口誦念仏（こうしょうねんぶつ）、日蓮(注8)らが重視した「南無妙法蓮華経（なむみょうほうれんげきょう）」の唱題（しょうだい）を重ねる行なども、こうした「無我的で太我的な主我機能（ウルトラエゴ機能）」のトレーニングとして重要な意味を持つものではないでしょうか。

　いずれにせよ、欲動世界を統制するこうした3種の主我機能の働きを強め、それによって自己の生命的な活動の全体を高次なレベルで統制していけるようになってほしいものです。自分自身が自己の本当の主人公となるための主体性を強め、自分なりの価値感覚と志を大切にした自己固有の人生の歩みができるようになると共に、時には無私で没我的で自由自在な境地を持てるところにまでいってほしいものです。

挨拶やケジメの励行を始めとする毎日の日常生活の丁寧な過ごし方を出発点としながら、子供達一人一人が人間として精神的な面で大きく成熟し成長していくことを、確かな見通しを持ちつつ支援し、見守っていきたいものです。

注

1　ジークムント・フロイト（1856～1939）はオーストリアの精神科医。精神分析学の創始者。無意識の世界でのダイナミックな働きを重視した人間観と、それに基づく精神分析的治療法が広く大きな影響を持った。

2　17世紀イギリスの哲学者トマス・ホッブズが、『市民論』（1642）や『リヴァイアサン』（1651）で用いた言葉。国家や法による外的な縛りのない世界では、人は自分のやりたいことをやりたいままやって互いに衝突し合う他ない、といった見方。

3　釈迦牟尼（シャカ族の偉い人という意味、本名ガウタマ・シッダールダ）は、紀元前5～7世紀頃の（時期は諸説ある）北インドの人。その教えが後に仏教となった。

4　栄西（1141～1215）は平安時代末期から鎌倉時代初期の仏僧。比叡山延暦寺で修行し、宋に2度渡って学び、日本における臨済宗の祖となる。『興禅護国論』を著す。師に与えられた公案（不条理な問い）を座禅を通じて考え、師と対話することで悟りに至ることを重視。また喫茶の効用を説き、普及に努め、『喫茶養生記』を著す。建仁寺の開祖。

5　道元（1200～1253）は鎌倉時代初期の仏僧。比叡山延暦寺で、また臨済宗建仁寺で修行し、宋に渡って中国曹洞禅を学び、日本における曹洞宗の祖となる。『普勧坐禅儀』『正法眼蔵』を著す。永平寺の開祖。無念無想ただひたすら坐禅することを通じて悟りに至ることを重視。

6　法然（1133～1212）は平安時代末期から鎌倉時代初期の仏僧。比叡山延暦寺で修行するが、阿弥陀如来の誓願を信じ称名念仏すれば死後極楽浄土に往生できるという専修念仏の考え方を持つに至り、比叡山を降りて広く教えを説く。『選択本願念仏集』を著す。旧仏教勢力からの非難を浴び、弟子共々流罪にされたこともある。浄土宗の開祖。

7　親鸞（1173～1263）は比叡山で20年間修行をした後、山を降り、法然の弟子の一人として専修念仏の道に入る。師法然と共に流罪にされ、僧侶の資格を奪われ、愚禿と称し妻帯しながら念仏の道を各地で説く。弟子の著した『歎異抄』が有名。何代も後の子孫に蓮如が出て親鸞の思想を喧伝し、大きな浄土真宗教団を形成する。

8　日蓮（1222～1282）は鎌倉時代の仏僧。初め安房の国の天台宗の寺で学び、後に比叡山延暦寺など各宗の著名な寺院に遊学を重ねた後、禅と念仏の徒が妙法蓮華経を軽んじる間違いを犯しているとし、南無妙法蓮華経と題目を唱えることを強調する専修題目を主張した。『立正安国論』を著す。日蓮宗の開祖。

2 〈我の世界〉を生きる力を

人間としての尊厳を具現して生きる

一人一人が自分自身の存在に人間としての誇りと自信を持ち、「生まれてきてよかった」「生きていて喜ばしい」という充実感を持ち、死ぬ時には「ああ、いい人生だった」と満足感を持つ、といったあり方を目指したいものです。そして、教育の力を振るって、一人一人がそうした人間的な尊厳を具現していくことを図り、同時に、それを前提とし目標として運営される真の共生社会を実現していきたいものです。教育の究極的に目指すところとしては、こうしたヒューマン・ディグニティ（＝人間としての尊厳の実現）を、本気で考えるべきではないでしょうか。

20世紀の前半、自民族中心的で全体主義的なナチズムやファシズムが出現しました。日本でもこの時期そういう傾向が急速に強まりました。この時代の政治家や官僚、そして教育指導者は、そういう方向で自分の国や民族の繁栄を考えたわけです。しかし、そこに生きる一人一人が本当に人間としての尊厳を実現することについては、全くといっていいほど考えられていなかったと言ってよいでしょう。

国が栄えても、そこに暮らす一人一人が本当に人間らしい尊厳をもって生きられなかったら、まさに本末転倒ではないでしょうか。政治も行政も、そして教育も、国や社会のためにあるのではありません。そこで生きていく一人一人の生活や人生は、国や社会のためのものではないはずです。国や社会のあり方を、とりわけ教育のあり方を、一人一人の「人間的な尊厳」実現のためのものにするという根本を折に触れて再確認しなければならない、とつくづく考えさせられます。

〈生きる力〉は大丈夫か

日本の社会は、未だ十分とは言えないまでも、豊かになり、自由になり、寛容になってきています。しかし日本の社会を貫く価値志向的な軸を、そして一人一人が生きていく上での精神的な基本軸を見失ってしまった中で、子供も若者も年寄りも、どこか〈ひ弱〉になっているのではないか、という見方がないわけではありません。健康で元気に、毎日をそれなりに楽しくやっているとしても、本当の意味での喜びや満足感、自覚した強さ、人間として生ききっている姿、が見られるのでしょうか。一言でいうと〈生きる力〉が不十分不満足なままではないか、ということです。

〈生きる力〉とは、何ごとにもアグレッシブ（積極的）だとか、疲れを知らぬエネルギーを持つ、ということではありません。〈生きる力〉が働くのは「世の中」と「自分自身の世界」

という二つの場がありますが、分かりやすいのは、「世の中できちんと生きていける力」の方です。これを〈我々の世界〉を生きる力と呼んでおくことにしましょう。

我々は相互依存的な共同体の一員として現実の生活を送っています。だから、お互いが気持ちよく手を繋ぎ合い協力協働していけるように、社会的規範や礼儀作法をＴＰＯに応じて守っていかなければなりません。そうした形で自分自身に与えられている社会的役割と責任を果たしていかなくてはならないのです。このことを上手にやっていけるかどうかで、社会的に受け容れられ大事にされるかどうかが決まってくるわけですから、〈生きる力〉として、これは現実の場で非常に大事な意味を持つ面と言っていいでしょう。

〈我の世界〉を生きる力を

しかしこれと同時に、もう一つの〈生きる力〉を考えなければいけないのです。〈我の世界〉を生きる力です。誰もが自分自身に固有な独自の世界を持っています。そして、この自分自身の世界に依拠して自分の人生を自分の責任で自分なりに生ききっていくという使命を、誰もが生まれた時から与えられています。そういった「生きる」ことの根本に関わる〈生きる力〉を考えておかねばならないのです。古来偉大な思想家や宗教家がこのことを説いてきました。しかしながら、今の日本社会の状況で、また現代の教育のあり方で、こうしたことを考えてみるチャンスはあるのでしょうか。

〈我の世界〉を生きていくためには、最低限最小限、次の３つのことを念頭に置いてやっていく必要があるように思われます。

(1)　世間的価値観の相対化

第1点は、世間的な価値観から自由になることです。〈我々の世界〉にすっぽりと嵌り込みすぎないこと、と言ってもいいでしょう。確かに世の中のことは大事にしていかなければなりません。我々は世の中で生きていくわけですから、超然としているわけにはいきません。世の中で何が良しとされ、何がまずいこと恥ずかしいこととされているかをよく学び、実践していかなければなりません。世のため人のため、ということを目指し、そのための学びを積み重ね、自分自身のやれることをきちんとやっていかなければなりません。

しかし同時に、それだけに縛られていてはどうにもならないのではないでしょうか。『聖書』の言葉を思い出すのですが、なぜ2000年前にイエスは「貧しい人は幸いである」などとパラドキシカル（逆説的）なことを言ったのでしょうか(注1)。貧しいことは世間的には嫌なことと不自由なことです。貧しさは無条件に嫌なことのはずなのに、それこそが幸いだと言うのです。あるいは「泣いている人は幸いである」とも言っておられる。泣くのは悲しい時、挫折の時です。泣いている人が幸いであるなんて、世間的な常識には反することです。

でも、貧しさが幸いであり、泣くことが幸いである、という面があるのだろうと思うのです。世間的な価値観から自分を解放し自由にしていくことによって、私だけの、自分自身の、今のあり方、これからの人生を考えるきっかけになるのではないか、と思われるのです。満ち足りている時幸せな時には、世の中の価値観の中に埋もれ込んで、結局は、自分というもののないまま生きていくことになるのではないでしょうか。

(2) 自分自身の実感・納得・本音の尊重

2点目は、自分の実感・納得・本音の世界に気づき、磨いていくことです。自分は本当のところ何にワクワクするのか、何によって深い満足感を持つのか、を意識しないまま、世の中の流れのなかで流されてしまっているのではないか、という反省が必要でしょう。

音楽鑑賞でいうと、自分に本当にピンとくるジャンルは、曲は、演奏者は、ということを自分で知っているかどうかです。文学作品でも、有名な人の詩だから、小説だから、というだけで読んでいるのでは駄目です。自分を本当に感動させ生き生きとさせてくれる詩や小説を、一つでもいいから見つけなければならないでしょう。

美術作品でもそうです。この壺は買えば何十万円、何百万円もするものだから立派に見える、というのでは駄目なのです。千利休(注2)がそうであったように、安物でもいいのです、自分に本当にピンとくるところがあるならば、ということです。利休が好んで使った日本製の陶器のお茶碗(楽(らく)の茶碗など)は、当時珍重されていた中国製の(舶来(はくらい)の)磁器のお茶碗(天目(てんもく)茶碗など)に比べれば、圧倒的に安価なものでした。しかし大事なのは、それが利休自身の「侘(わ)び」のセンスに合ったものだったという点です。世間相場でお茶の道具を価値づけていたのでなく、自分の実感に依拠した自分自身の尺度で、つまり自分相場で価値づけて見ていたのです。

世間相場から相対的に自立した自分相場を持つということは、自分自身に対して本当の意味で誠実になることです。自分自身の実感・納得・本音が何処にあるのか、いつもこだわっていかなくてはならないでしょう。

(3) 自己内対話の習慣

3点目として、自己内対話の大切さを挙げておきたいと思います。自分自身と話し合い、自分自身と問答する。自分の考えとか知識、自分のやったことなどを自分自身の内面で反芻してみる、という習慣を持つようにしたいものです。

古代ギリシャの哲学者たちは人間の精神を創っていく上でいちばん大事なものとして、自己内対話あるいは振り返りを強調してきた、とフランスの哲学者ミシェル・フーコーは言います(注3)。それがキリスト教の世界に入って、自己内対話がヨーロッパ文化の土台をなすものになった、とも言っています。日本でも古来、何かにそのまま直接反応するのでなく、何度も考え直し練り直した結論を得た上で行動することが大切にされてきました。

しかし、こうしたことも今では非常に弱くなっているのではないかと心配になります。好きなものは好き、嫌なものは嫌、面白いものは面白い、で終わってしまっているのではないでしょうか。何故に私はこれを面白いと思ったのか、何処がこの私に面白さとして感じられたのか、等々といった自己内対話をしていくことによって、自分自身の内面世界が鍛えられ深められていくのです。そして、こうした内面世界こそが〈我の世界〉を生きていく土台となるのです。こうした自己内対話の習慣づけのためには、古代ギリシャでも日本でも大事にされてきた「毎日の日記をつける」ことも大事になってくるでしょう(注4)。

以上の3点をまとめてみますと、お釈迦様が最後に残された「よく整えられた自己を拠り所として歩む」という言葉に近くなるのではないでしょうか。流行やお金や地位など世の中的なアメ玉を拠り所としていくのではなく、自己内対話によって整えられた自分自身の実感・納得・本音を拠り所に生きていきたいものです。これこそまさに、「ヒューマン・ディグニティ（人間的な尊厳）」の具現ではないでしょうか。

注

1　新約聖書の「ルカ福音書」第6章20～26節にあるイエスの弟子への一連の教え、「山上の垂訓」と呼ばれることもある。同様の記述は、表現が少し違う部分もあるが、「マタイ福音書」の第5章2～12節にもある。

2　千利休（1522～1591）は堺の商人。茶人として知られ、書院での豪華な茶の湯に対し簡素を尊重する侘び茶の完成者と言われる。織田信長、豊臣秀吉の茶頭として仕え、特に秀吉時代に権威を振るうが、突然秀吉の怒りに触れ切腹させられる。その子孫は、三千家（表千家、裏千家、武者小路千家）の当主として現在まで茶道の家元を継いでいる。

3　ミシェル・フーコー（1926～1984）はフランスの哲学者。パリ第8大学哲学部長、コレージュ・ド・フランスの会員、などを務めた。古代ギリシャ以来ヨーロッパ文化の根幹を創ってきたものとして自己内対話を含む「自己のテクノロジー」を論じている。

4　日本における日記の伝統については、例えばドナルド・キーン『百代の過客――日記にみる日本人』（講談社学術文庫、2011）を参照。

3　心の深奥に聴く

自分自身を深く理解する

自分自身とうまく付き合っていくためには、自分自身についての深い理解が必要となります。自分自身の通常の意識世界には現れてこない、自分自身の心の奥底にあるものまでを含めた自己理解が不可欠になるのです。

個々人にとっては、その人の意識世界が全てです。人は通常、この意識世界の中で、いろいろと考え、判断し、決定し、評価し、行動に移しています。このため、我々の言動の全てが自分のこうした意識世界に由来するものと考えてしまいがちになります。例えば「このことをやらなくては」という気持ちになったり、「こういう意味でこのことが納得できた」と気持ちが落ち着いたりする場合、こういったことの全てが意識世界における出来事であると考えてしまいがちになります。しかし本当は、我々が一定の気持ちになったり考えたり判断したりすることの土台に、我々の無意識の世界からの促しが、あるいはメッセージや方向づけが、時には阻止が、存在していることを知っておくべきでしょう。

たとえば、何かの拍子にあることを思いつき、そのことがその日一日中頭にこびりついて離れなかったりすることがあります。あるいは、商店のショーウィンドーに何気なく目をやったら、どうしたわけか心引かれる何かが目に飛び込み、少し無理してでもそれを買おう、という気になったりします。さらには、こういうジャンルの音楽が耳に入ってくると、どうしたわけか耳ざわりで嫌な感じを受けるけれども、別のあるタイプの音楽が耳に入ると快い気持ちになり気分が高揚する、といったことがあったりします。こうしたことはいずれも、我々の意識世界の在り方に、心の奥の意識しないところに存在する何かが大きな影響を与えている、ということを如実に伺わせるものではないでしょうか。

意識世界は、それ自体として独立し自足したものではないのです。「去来する意識の世界」は外の世界からと内の世界からの双方から、絶え間なく意識の内容的素材を与えられ続けていますし、また何かに関心を持ったり拘ったりという形で焦点づけられたり、何かが関心の焦点から外されて意識外に追いやられたりといった形で、その内容そのものが常に流動しているのです。また同時に、意識世界の整理統合と道筋の準備といった主我的な統覚機能の発動も、こうした外の世界と内の世界との相互作用によってもたらされることになります。ここで言う外の世界の主要なものは対人的社会的な世界であり、内の世界は心の奥にある意識下の世界、特に「本源的自己」と呼んできたものです。

私達は暗黙の内に自分は自立した責任主体であると考えています。自分の意識世界に外部から様々な情報を受け入れ、取捨選択し、筋道を立てて考え、自分の責任において理性的知性的に判断し決断し行動しているように思っています。しかし、意識世界で、「自分の責任で」決断し行動しているように思い込んでいるとしても、実は無意識の世界にその基盤が潜んでいることが少なくないのです。

心の深奥から意識世界にもたらされるもの

そう考えると、我々の意識の基盤にある無意識の世界から何がどのように意識の世界にもたらされているかを知りたい、という思いが強くなってきます。それを知ることによって自分を本当に動かしているものを意識の場に上げ、そうした意識下の動きまでを含めて意識内での吟味検討を総合的に行っていけば、自分に最も落ち着く言動が、自分に最も妥当と感じられる判断や決断が、可能になるのでは、と考えられるからです。

私達の意識世界は、私達を取り巻く人々や社会からも時々刻々大きな影響を受けています。しかしそれ以上に、その人の内面世界の奥にある無意識の広大な世界から大きな影響を受けていることを忘れてはなりません。意識世界に対して、時にはそれを左右するほどの影響を及ぼしている無意識世界の中核部分に、「本源的自己」と呼んで来たところに(注1)、もっと注目しなくてはならないでしょう。

ここで言う「本源的自己」の影響を意識世界がどのような形で受けているかを考えてみると、少なくとも次のような4点に気づくのではないでしょうか。

まず第1は、何が欲しい、何がやりたい、といった欲求・欲望です。外部にある何か美味しそうなものを目にしたり匂いを嗅いだりして、それを「食べたい」という欲求が喚起（アラウザル）されることもあります。この場合も、無意識世界にそうした欲求喚起の下地になる空腹なり食欲なりが無ければ、そういうことは生じないでしょう。こうした欲求・欲望は、外部から何かが我々の五感に引っ掛かってきて（意識世界に侵入してきて）喚起されることがなくても、不意に「○○が欲しい」「××をしたい」という形で意識世界に生じることもあります。こうした欲求・欲望は、基本的には我々の生命活動と大きく関係していますが、出生以来の体験の蓄積から生じている面も大きいでしょう。

第2は、不意に何かのイメージや言葉が頭に浮かぶ、といった直感や閃きです。問題に取り組んでいると、不意にその解答のイメージが頭に浮かぶことがあります。また、俳句や短歌などを作っている時、不意にある言葉なりフレーズなりが頭に閃くことがあります。まさにインスピレーションです。意識世界を超えたところで無意識世界での知的活動が展開されていることを痛感せざるを得なくなります。これも長年にわたる体験の、そして学びの蓄積が関係していることは、改めて言うまでもありません。

第3は、このことには心引かれワクワクするとか、ドキドキするとか、このことなら自分にピンとくる、といった選択的感受性にかかわる点です。どうしてそうなのか自分自身でも理解できないのに、そうした選り好みが意識世界の入口で生じているのです。何でもかでも公平に平等に我々の意識世界に入ってくるわけではありません。何をどう意識するかといった基礎構造が無意識のうちにできあがっているのです。これは、持って生まれた資質的なものに基礎づけられている部分もあるでしょうが、これまでに自分自身の身に生じた膨大な体験の集積にも基礎づけられているでしょう。

第4は、こうしたことは何故か思い起こしたくない、このことには自分でも驚くほど過敏に反応してしまう、不意にこのことを思い起こすと急にドキドキして落ち着かなくなったり、あるいは気が滅入って鬱的になったりする、といった意識世界に向けての検閲や抑圧、強い情緒反応の喚起、等々に関わる点です。こうしたインターフェイス的機能が無意識の本源的自己と意識世界との間に存在することは、フロイトやユング(注2)等が特にこだわったところです。意識世界において本源的自己の在り方が無視されがちになったり、そのままの形では反映されにくくなったりしているのは、このためでもあります。

少なくともこうした4点にわたって、意識世界の奥にある無意識の世界が我々の認識にも問題解決にも決意にも行動にも関わっていることは、十分に理解しておかなければなりません。虚心坦懐に自分自身のその時その場の思いやこだわりやアイディア等を吟味検討し、それがどこから来ているのかを考えてみることも大切ではないでしょうか。

無意識世界からのものを識別しつつ生かしたい

自分自身の意識世界の奥に存在する見えない世界が、どのような形で自分自身を動かしているかを理解し、それと上手に連携しながら意識世界での理性的な自己内対話を進めていくことによって初めて、本当の主体性が確立することになります。「駒」ではなく「指し手」として生きていくためには、自分自身の内なる世界、「本源的自己」と呼ばれるところと深く連携していくことが不可欠です。そうした連携がないままの言動は、結局は、その場限りの上っ面のものになってしまいますし、また内的エネルギーを汲み上げつつ生き生きと生きていくことができなくなってしまうのです。

ただし、このことは、無意識の世界から意識世界にもたらされる促しや方向づけや直感やイメージ等々を常にそのまま是とし、それをそのまま生かしていく、ということを必ずしも意味するものではありません。意識世界にもたらされたものは、自己内対話によって理性的な形での吟味検討がなされ、それをそのまま生かしていくかどうかの識別がなされなくてはならないのです。西欧キリスト教世界では、自分自身の意識世界にもたらされたものが善霊によるものか悪霊によるものなのかを自己内対話を重ねる中で識別していくことが重視されてきました。ラテン語で「discretio spirituum」と呼ばれ、「霊の識別」とか「霊動の弁別」と訳されてきましたが、このことは、トマス・アクィナス(注3)もマイスター・エックハルト(注4)等も重視しています。私自身は、イグナチオ・ロヨラの『霊操』(注5)を学ぶ中で、青少年期から繰り返しこのことを考えさせられてきました。

自分自身の無意識の世界と連携を深めていかなくては、深く考え深く生きていくことはできません。時には無意識の世界にイニシャチブを明け渡し、意識世界はそれに追随するままにしてみることがあってもいいでしょう。しかしながら最終的には、やはり意識世界が自分自身の司令塔として理性的に「識別」していくことが必要であることを、最後に繰り返し強調しておきたいと思います。

注

1　梶田叡一『内面性の心理学（自己意識論集Ⅴ）』東京書籍、2021、を参照。

2　カール・グスタフ・ユング（1875〜1961）はスイスの精神科医・心理学者。フロイトの精神分析学に共鳴したが、後にたもとを分かち、独自の分析心理学を創始した。

3　トマス・アクィナス（1225〜1274）は、中世ヨーロッパの宗教思想に大きな影響を与えたイタリアの神学者・哲学者。『神学大全』で知られる体系的なスコラ学の代表者。ドミニコ会士。

4　マイスター・エックハルト（1260〜1328頃）は中世ドイツの神学者・神秘主義者。ドミニコ会士。「汝の自己から離れ、神の自己に溶け込め」といった教説は禅思想に通じるとも言われる。上田閑照『禅仏教——根源的人間（同時代ライブラリー）』岩波書店、1993、などを参照。

5　イグナチオ・デ・ロヨラ（1491〜1556）はスペインのバスク出身で、パリのソルボンヌ大学在学時に彼に兄事した学生達を指導して後のイエズス会を創始。対抗宗教改革の中で大きな役割を果たす。著書『霊操』は霊的修行の指導書（門脇佳吉訳、岩波文庫、1995）。ちなみに1549年に来日してキリスト教を伝えたフランシスコ・ザビエルは、学生時代に彼から直接の指導を受けた6人の中の1人。イエズス会は現在世界各国に多数の大学や高等学校を経営するが、日本には上智大学や栄光学園、六甲学院などがある。現在のローマ教皇フランシスコもイエズス会士。

4　本物の自信とプライドを

「生きる力」の土台となる健全な自信とプライド

「生きる力」を育てるために、何よりもまず自尊感情の育成を、という声があります。確かに、自分自身に対して自信を持ち、プライドを持たなくては、積極的な気持ちも、新たな意欲も生まれてきません。特に、意地悪やいじめに負けない力、さらには偏見や差別を撥ね返す力として、自分自身に自信を持ち、人間としてのプライドを持つことは、必須の条件と言っていいでしょう。

自分自身に対して自信がなく、プライドが持てないままでは、他の人とうまく付き合っていくこともできませんし、他人の目のある場に出ていくこともおっくうになります。そうした心理状態では、必要な自己主張さえできず、外部から例え不合理で理不尽な扱いを受けても泣き寝入りになってしまうでしょう。

だからといって自信があり過ぎ、プライドがあり過ぎるのも、対人関係上大きな問題です。そういう人と付き合うのは御免こうむりたい、という気持ちは誰にもあるでしょう。だから、自信満々の人、お高くとまっている人は、どうしても人々の輪から排除されてしまうことになります。ほどよいレベルの自信やプライドを持つことが必要となるのです。

自尊感情に似て非なるものに、自我肥大あるいは自我インフレと呼ばれるものがあります。本当の自尊感情の場合にはプライドや自信を支える現実的な基盤があるのに対して、自我肥大の場合には必ずしも現実的な基盤があるわけではありません。当人がそういう気分になっているだけで、その根拠となるものがあやふやなのです。

ちやほやされて育った「お坊ちゃま」「お嬢ちゃま」の鼻持ちならぬプライドや自信にも、そうした面があるのではないでしょうか。プライドや自信を支える現実の根っこが希薄なのに、本当にプライドや自信を持っていい何かが現実に自分に備わっているわけではないのに、他の人達から自分だけ常に特別な取り扱いをされるのが当然という気持ちと、これと裏腹な自分の周囲の人達をなめ切った気持ちとがあるのです。自我肥大とは、見かけ上はプライドや自信に似ていますが、基本的には根拠のない優越感と他の人達の蔑視であって、本物のプライドや自信とは似て非なるものです。

こうした自我肥大は、学校でも時に見られないわけではありません。授業中に足を投げ出して傍若無人な態度をとり、時に奇声を発したり歩き回ったりする。そして教師に対して、「おまえ」とか、はなはだしい場合には「てめえ」と呼ぶ。「荒れた」中学校や高等学校でしばしば見られる姿です。現在ではこれが、ほんの一部とはいえ、小学校の高学年でも見られることがあります。自我肥大とは、結局のところ、独善と自己幻想に他ならないのですが、心理的な発達の上では、危険な落とし穴と言っていいでしょう。

自分の仲間内だけで付き合って他の人とはあまり付き合わない限り、そうした独善と自己幻想を維持することは可能です。仲間ではない人と付き合ったとしても、その人がいつでも迎合してくれる、自分の意のままに動いてくれる、ということであっても、独善と自己幻想を維持していくことができます。しかし、子供もいつかは社会に出て、自分の力で自分の人生を生きていかなくてはなりません。いつまでも、そうした独善と自己幻想が維持できるわけではないのです。しかも、独善と自己幻想では、本当に大事な時に自分を支えることができないのです。

誉めてさえいれば自信やプライドが育つのか

いつも誉めてやり、注意したり叱ったりすることを避ければ、子供にプライドや自信が育つはず、という主張があります。失敗や挫折の経験を持たせないようにすれば子供にプライドや自信が育つはず、という主張もあります。しかし、本当にそうなのでしょうか。耳に快い言葉を本気にして、教育現場で本当の自尊感情を育てることが疎かにされていることはないのでしょうか。ちやほやしているだけでは、結局は自我肥大を、独善と自己幻想を、育てていくだけに終わるだろうと思えてなりません。

そう言えば、ずいぶん改善されたとはいえ、一部地域の学校で出会う教師の中にも、未だに倨傲で独善的な態度が見られることがあります。校長までそうした教師の顔色をうかがって小さくなっていることがあります。そうした教師が自我肥大を脱却し、非現実的な自己幻想を捨て、本当の自尊感情を持つようになるには、一体どのような転換が必要なのでしょうか。一部の子供の問題にも、一部の教師の問題にも、何か共通の基盤があるように思えてなりません。

健全で妥当な、本当の自信とプライドを育てていくためには、広く深い実感的基盤が不可欠です。このためには、さまざまな課題に取り組む中での達成感、成就感、その積み上げとしての自己効力感が必要であることは言うまでもありません。当然のことながら、こうした取り組みの途上では、失敗や挫折もあっていいでしょう。失敗しても挫折しても、それに負けてしまわないで、「七転び八起き」で何度も頭をもたげ、新たな挑戦を行っていく強さが望まれるのです。

心理的な強さを育てる関わりとは

こうした強さを持つためには、周囲の人からの、特に自分にとって大事な意味を持つ親や親友、教師などからの、絶えざる情意的、感情的なサポートが不可欠です。これによって心理的安定感が培われ、その場その場での失敗や挫折を、心理的に余裕を持って冷静に受け止めることが可能になるからです。しかし、周囲の人からのサポートが依頼心依存心を養う結果にならないよう、その具体的なあり方には細心の注意が必要です。

サポートするにしても、先回りしてお膳立てをし過ぎるとか、何をしても甘い顔で誉めてばかりいるとかでは、どうにもなりません。本当の強さを養っていくためには、周囲から暖かいまなざしを投げかけて常に見守っていきながらも、実際の取り組みに関してはできるだけ突き放して自分の力だけでやらせる、ということでなくてはなりません。そして本当に教師や親の出番だというごく特別な場合にだけ手を差し伸べてやる、ということでなくてはならないでしょう。

もちろん、これと同時に、周囲の人が自分の良いところや優れているところをきちんと認めてくれていることを実感できる承認体験、そして自分のありのままをそれでよしとして認められていることを実感できる受容体験が大切です。これもまた、教師や親の日常的な関わり方を考えていく上で重要なポイントと言っていいでしょう。

自省自戒の習慣を持つ

こうした土台の上に、当人が常に自省自戒する習慣を持つことが、独善や自己幻想でない本物の自信やプライドを持つ上で不可欠の条件となります。自分自身の姿を振り返って、自分なりに吟味検討し、自分の足らざるところ弱いところを含めた自己認識に努め、その上で自分自身の現実のあり方を自分なりにコントロールしていく、ということでなくては、独善や自己幻想を回避することは不可能なのです。一部の子供や教師に時に見られる鼻持ちならぬ自我肥大の姿は、結局のところ、こうした自省自戒の姿勢と能力の欠如によるのではないでしょうか。

日常の教育活動の中でどのように自省自戒の習慣づけを図っていくかについては、多様な視点から考えてみなくてはなりません。とりわけ、振り返りの機会を日常的に設定すること、分析的総合的に自己吟味をし、自己評価を行う機会を設けること、これに基づいてこれから自分は何に努力すべきか考え決意する機会を準備することは、最小限考えておくべきポイントではないでしょうか。

本物の自信とプライドを育てていくことの重要性と、この実現には細心の教育的配慮が必要であることを、この機会に再確認しておきたいものです。

5　健全な自己概念を

学校は子供の自己概念を破壊していく装置か

私は30歳の時、自己意識心理学で文学博士の学位を貰った直後、全く新たに教育学についての体系的な学びを始めました。シカゴ大学のベンジャミン・ブルーム教授の下での学び(注1)でしたが、最初に大きな衝撃を受けたのは、「アメリカの学校教育は、子供達の自己概念を組織的に破壊していく社会的装置になっている」というブルーム教授の言葉でした。

子供は一人だけでおれば、自分自身について他の人との比較を抜きにした（優劣の色のつかない）イメージを作っていくでしょう。しかし、学校に通うようになると、自分自身を否応なく他の子供と比べ優劣の目で見るようになってしまいます。かつてアメリカでは（日本でも太平洋戦争後の長い間）学級や学年の中における優劣の位置に基づいて成績づけをする5段階相対評価をやっていました。また有名な上級学校に進学しようとすると、成績上位からの相対的な位置で合否が判定されてしまうことになります。そういう状況では常に他の人と比べて自分を見るという意識が強まらざるをえません。その結果、一握りの成績上位者しか自分自身に肯定的イメージを持てなくなり、他の子供達はネガティブな自己イメージを持つようになります。高校に大学にと上級の学校に進めば進むほどこうした傾向が強くなります。

だからブルーム教授は、相対評価をやめて到達度評価にしよう、人と比べてではなくて目標なり基準なりとの関係で、どのような力がどの程度までついているかを評価すべきだ、と強調したわけです。これと同時に、人を最終的に判断する総括的な評価でなく、途中経過のチェックという意味での形成的評価として捉えるべきだとして、学期末とか学年末での「できた・できない」「どういう力がある」といったことは全て、次のステップに生かしていくための暫定的な事実確認でしかない、と強調したわけです。

私が、到達度評価と形成的評価を大事にした教育研究をやっていこうと思ったきっかけは、こうした学校教育と自己概念形成についての問題提起に接したからでした。

人間としての成長の中核となる自己概念の問題

学校教育には、余程気をつけていないと人間的な成長にとって害になる重大な副作用が内包されているのです。子供がいろいろと知識を得る、できるようになる、力をつけていく、ということは大事ですが、そういう知識・理解や技能や能力は、その人にとってのいわば武器でしかありません。教育においては、そうした武器を操る人間そのものの育ちに常に視点を当てていかなければなりません。揺るがない強靭なバックボーンを持ち、自信と意欲を持ち、エネルギーに満ちた主体的な人間に成長していってほしいのです。現実の学校教育を通じて、そうした人間としての育ちが実現しているかどうかです。

こうした根本的な視点について、従来、私は「学力保障と成長保障の両全」ということを強調してきました。人間としてのしっかりした主体づくりをする、その主体が使いこなすための武器を身につけさせていく、その両面が共に大事なのです。

主体としての成長をはかるという面の中核になるのが自己概念の問題ですが、まず大事なのは、自分の将来に対してどういうイメージを持つかということです。「私の未来は青天井」「自分の将来にどういう良いことが待っているかわからない」という自己概念を持たないといけないでしょう。そして、その土台には、「やればやっただけのことがある」という自己有能感が必要となります。自分の未来はいくら青天井だと思っても、どこかに「自分なんか少々頑張ったって」という自信のなさが潜んでいたらどうにもなりません。

自分自身についての明るい見通しを持つといった自己概念が必要ですし、自信があって有能感があってという、土台になる自己概念も必要です。また、自分の現実についての光と影の双方を見てとって、ではどうしていくか、に関わる自己概念が必要となります。

人間として、しっかりと着実に、理性的に生きていくためには、やはり自己概念の問題が根幹にあるのです。そういう意味での自己概念の問題を、教育の現実のあり方との関係で考えていかなければいけないのではないでしょうか。

乙武洋匡さんや辻井伸行さんから学ぶこと

自己概念の問題といえば、『五体不満足』（講談社、1998）を書いて一躍有名になった乙武洋匡さんのことが頭に浮かびます。自分は両手両足が無く車椅子でしか生活できないが、不自由であっても不幸ではない、これが私の個性なんだ、と述べておられます。何が駄目、何が足りない、と他人と比較して自分のネガティブなところをクローズアップするという認識の仕方ではありません。自分には確かにこのことはできないが、それが自分の特徴なんだ、だからそうした自分の特徴を生かした生き方なり仕事なりがあるではないか、というわけです。そして実際に教壇に立って教師もされましたし、今も評論家として活躍しておられます。

自己概念については、事実認識とその意味づけという2つの面があるのです。例えば事実認識としては、このことはできる、あのことはできない、といったことがあるとします。それは確かにそうだけれど、しかしその意味づけとして、そうした事実をどう考えたらいいのだろうか、ということがあるのです。このことはできないけれどもこのことならできる、と「できる」面だけを自分自身にクローズアップして考えることもできるでしょう。あるいは、この大事なことはできないけど、そのことを別のところで十分にカバーできるではないか、という捉え方だってあるでしょう。できない部分だけをクローズアップした自己概念を持つということは、積極的な生き方をしていく上で大きな問題とならざるをえません。「できる」ところを中心とした意味づけがどうしても必要となるのです。

２００９年に有名なヴァン・クライバーン国際ピアノコンクールで優勝した辻井伸行さんについても、それを思います。目が不自由な人なのにすごい賞をとった、という賞賛のされ方を彼自身は嫌うのだそうです。目が不自由だろうと何であろうと、ピアノですばらしい賞をとったことが大事なのです。目が不自由だからこそ、小さい時から音については非常に敏感であったという利点と、目が不自由だから鍵盤も見えないし楽譜も見えないという不自由さとがあった。それは辻井さんの具体的なあり方の中でのメリット・デメリットの問題、個性の問題であって、目が不自由だから特別な存在だということではないと、ご本人もお母さんもおっしゃっています。これは積極的な素晴らしい見方であると思います。乙武さんと基本的に同じ姿勢をお持ちなのでしょう。

私たちは、自分自身についての認識をしっかりと持たなければならないわけですが、大事なのは、そこから自分自身についてどういう意味づけをするかです。その意味づけによってその人が活性化されるのか、自分の可能性をもっと信じられるようになるのか、自分自身をもっと充分に支え、コントロールできるようになるのか、です。プラスに機能する意味づけを常に探していく努力が必要ではないかと思うのです。

文化的な背景を考えながら

日本の伝統文化の中では「無私」が尊重され、自分についてこだわって考えることは、どこか自己中心的であり、利己主義につながるのでは、と思われがちでした。これはヨーロッパの文化と基本的に違うところです。

ミシェル・フーコーが『自己のテクノロジー――フーコー・セミナーの記録』（田村俶・雲和子訳、岩波現代文庫、２００４）の中でも言うように、古代ギリシャで非常に大事にされてきたのは、自分自身をどう対象化し、自分自身をどうコントロールし、自分自身にどう責任を持って生きていけるようになるか、でした。ヨーロッパ文化は、古代ギリシャの伝統がユダヤ・キリスト教の伝統に受け継がれて形成されてきたと言われます。こうした長い伝統の中で、自分という存在をきちんと認識して意味づけし、それによって自分を支え、コントロールし、そして自分を良い方向にもっていくことが根幹にされてきたわけです。そして、そのための具体的なテクニックがいろいろ開発され、それによって自己認識を深め、自分をコントロールする力を強めようとしてきたわけです。「自己のテクノロジー」という言葉でフーコーが呼ぶのは、まさにそのことです。

ヨーロッパ文化は、自分自身を「神の似姿」と見る、という主体性重視の個人主義を基調としながらも、唯我主義、利己主義に陥らないようにという戒めを内包してきました。しかし、日本の場合は基本的な発想に大きな相違があります。例えば聖徳太子(注2)は、「憲法十七条」で、「和をもって貴しとなす」と言います。そして、その理由づけとして「我必ずしも聖(さかしき)にあらず、彼必ずしも愚(おろか)にあらず、共にこれ凡夫(ただひと)ならくのみ」と言うのです。お互いに謙虚になって、譲り合うところは譲り合う、これによって和が実現するというのは、ヨーロッパの自己主張と討論を基本とする文化と根本的に違うところです。

こうした「和」という日本社会のあり方の理想モデルに関しても、その根底に根本的な自己認識・自己概念として、各自の「私もまた凡夫」がなくてはならないわけです。日本の文化的伝統の中に潜む基本的な自己概念のあり方についても、学校教育との関わりにおいて、よくよく理解しておく必要があるのではないでしょうか。

注

1　この時に私が参加したブルーム教授主管の国際的な「グレナセミナー」と、そこでの学びについて、より詳しくは梶田叡一『自己意識と人間教育（自己意識論集Ⅱ）』東京書籍、２０２０の「プロローグ」等を参照。

2　聖徳太子（５７４～６２２）は飛鳥時代の皇族。推古天皇の摂政として、天皇中心の国作りに尽力した政治家であり、憲法十七条の制定や遣隋使の派遣などをしたと言われる。聖徳太子の名は死後に贈られたものであり、本名は厩戸王（うまやとおう）。仏教の振興にも力を入れた。

6　たくましい個性を

時代は〈たくましい個性〉を求めている

　これからの日本社会には、たくましく個性豊かな人々が育っていってほしいものです。自分の感覚・意見をきちんと持ち、自己責任の原則に基づいて自分のやりたいこと・やるべきことをきちんとこなしていく、そうしたプロセスの中で困難に出会っても挫折しても容易に挫けることなく、七転び八起きの精神で立ち向かっていく、真に自立的でタフな人間が輩出してほしいものです。ひ弱で非創造的で没個性的な人々ばかりでは、日本社会の今後に明るい展望を持つことなど到底できないでしょう。

　自分自身の内部にきちんと自分なりの原理原則を確立した人、しかもそれに基づいて様々な困難を乗り越え、創造的にたくましく前進していく人、こういう人を時代が求めているのではないでしょうか。付和雷同の中で自分を見失い、酔生夢死といったオボロな意識で一回限りの人生を費消してしまうことでは困るのです。自らの感覚や欲求を自分なりにとらえ、大事にし、磨いていく人だけが、自分自身に対して責任を持ち、自分自身に対して誠実に生きていくことができるでしょう。一人一人に与えられた自由度が増大しているからこそ、その自由度を主体的に活用できる力の涵養が大きな課題となるのです。

しかし、こうした視点から最近の子供達の姿を眺めて見る時、多くの人は溜息をつきたくなるのではないでしょうか。以前に比べ非常に素直で物分りの良い子供が増えているのは、一見喜ばしいことのようです。しかしそれは、「指示待ち人間」と呼ばれるような非主体性の反面でもあります。また、音楽やファッションに対する自分なりの好みを大事にし、自分好みのライフスタイルに固執する若者が増えていることは、「個性重視」という点ではまことに喜ばしいことです。しかしそれは、自分の小さな世界の中に潜り込んで傷つかぬよう身を丸めている「ひ弱さ」を秘めたものではないでしょうか。私達が尊重し育成していきたいと願う「個性的な人間性」とは似て非なるもの、と言わねばなりません。こうした子供や若者の姿を見るにつけ、真の個性教育、人間教育の必要性を痛感せざるをえないのではないでしょうか。

育てるべき「個性」とは何か

それでは、教育において尊重され、育成されていくべき「個性」とは、いったいどのようなものなのでしょうか。

たとえば「個性」とは、他の人と違うことを言ったり行ったりすることなのでしょうか。つまり、少し変わった人、ユニークな人、と呼ばれるような人のことを、個性的と言うのでしょうか。

たしかに個性的な人であれば、他の人と違った言動が見られることもあるでしょうが、単なる「変わり者」を誰も真に個性的であるとは考えないはずです。他の人にいつも同調するわけではないということは、個性的であるかどうかを見る場合の必要条件の一つであるとしても、けっして十分条件ではないのです。

それでは、自分の思ったこと感じたことを積極的に言う、といった点はどうでしょう。自己主張が強いことが、自分の意見を強く押し出して大勢の中で目立つことが、個性的であるということなのでしょうか。

たしかに個性的な人であれば、自分の言いたいことをたくさん持っているでしょうし、大勢の中で目立つこともあるかもしれません。しかし、単に自己主張が強いだけの人、目立ちたがりや一言居士であるなら、誰もそれを真に個性的な人とは考えないでしょう。よく発言し、目立つということも、個性的であるかどうかを見る場合の重要な条件とすることはできないのです。

他の人と変わっている、自分の意見をはっきり言う、といった特徴は、個性的な人の外見的なイメージをよく表わしている場合があるかもしれません。しかし、真の「個性」とは、けっして外見上のものではありません。おとなしく目立たない人の中にも、真に個性的な人がいるのです。

「個性」とは、究極的には、その人の内面世界にかかわるものです。その人なりの見方や考え方、感じ方の世界に関わるものです。そうした内面世界がその人にとって本当に拠り所となっているかどうかなのです。別の言葉で言えば、その人の実感・納得・本音の世界が育っているかどうか、それを貫くものとしてその人なりの必然性と切実さを持った原理なり原則なりがその人の自己概念に関連する形で育っているかどうか、なのです。

内面を育てる教育の主要目標

それでは、一人一人の内面に根ざした形で真の「個性」を育成していこうとする際、具体的にどのような点に留意し、どのような点での工夫と努力をすべきなのでしょうか。以下に主要な目標となる点を挙げてみることにします。

(1) 基本目標

その子なりの内面世界が深化・拡大し、脱中心化と自己原理化が進む中で、自らの内面世界に根ざした形で学習していく姿勢と習慣が形成されていくこと。これによって、

ア．自分自身の羅針盤（らしんばん）となるものが確立し、自分なりの方向感覚をはっきりと持ちながら、その時その場で自分なりの目的と目標を持てる人間となる。

イ．自分自身に潜む本源的な自己といった基盤に根を下ろすことができ、心の底から常にエネルギーの湧き出してくる真に意欲的な人間となる。

ウ．自分の内面の誇りや自信を無理をして守ることが不必要になり、失敗や挫折、孤立などを恐れず、真っ向から問題に立ち向かっていける真に対処的な人間となる。

エ．自分自身の実感・納得・本音を土台として学習成果を積み重ねていき、真に生きて働く

学力を身につけた人間となる。

(2)　子供に期待し育成したい姿

上記の目標の実現を目指して、子供が以下のような姿勢や能力等を身につけていくよう日常の教育活動のなかで配慮し、工夫したいものです。

ア．自分自身の内面世界の在り方、実感・納得・本音の世界の在り方に気づき、自己理解・自己洞察を深めようとする。

イ．安易に同調・迎合することを慎み、自分自身の内面の実感・納得・本音を大事にすると同時に、それを拠りどころにして考え、発言し、行動しようとする。

ウ．機会を捉えて自分自身の内面世界の在り方を点検し、その浅さや歪み、一面性等を謙虚に反省し、その是正・改善を図ろうとする。

エ．自分の内面世界を豊かにし、深め、活性化するために、美しいもの感動できるものとの出会いを求めるなど、さまざまな機会を活用しようとする。

オ．他の人の内面の在り方にも関心を持ち、自分と異質な発想や「正義」に対しても寛容であると同時に、他の人と通底するものを求めていこうとする。

カ．自然科学・社会科学・人文科学の成果や、美術的・音楽的・文学的・体育的な文化遺産等について、自分自身の実感・納得・本音を動員して学習し、本当に自分自身のものとして身につけようとする。

「個性的な人間性の涵養」を最終的に目指す学力観を

ここで考えてみたいのは、「学力の3要素」として、「知識・技能の習得」と「思考力・判断力・表現力等の育成」と「学びに向かう力・人間性の涵養」が打ち出されていることの意味です。日々の学習活動で大事な知識や技能を習得し、そうした積み重ねの中で思考力・判断力・表現力等を育成し、それらを土台に、長い目で「人間性の涵養」を目指していこう、という学力観が打ち出されているのは何故なのかです。実はここにこそ教育を本質的な点から考え直してみる基本視点が存在する、と言ってもいいのではないでしょうか。

繰り返すようですが、自分自身が依って立つ原理原則を内面に持っているかどうかが、真に自立した人間であるかどうか、真の「個」としての実体を持っているかどうか、の決め手になるのです。堂々とした態度や毅然としたものの言い方、といった外面的なものが自立的であるとか個性的であるとかの証拠になるわけではありません。その人の〈我の世界〉に、その人の顔の後ろに広がる内面世界に、その人自身にとっての必然性を持った問題意識や固有の見方・感じ方、物事を判断する際の確固とした根拠・基準、といった原理的なものが育っているかどうかこそが問題なのです。

もちろん、「学力の3要素」とは、こうした「人間性の涵養」だけを重視するものではありません。具体的な形で日々実現していってほしい「知識・技能」といった「見える学力」も、また日進月歩の未来社会に対して備える「思考力・判断力・表現力等」も、当然のことながら重要です。これらは、社会状況との関わりで必然となる現代の学校の基本使命であることをけっして忘れてはなりません。しかし、そうした大事なものの習得や重要な資質の育成を図るにしても、その場限りの形でそれらが身についていくのでは困るのです。習得した「知識・技能」や育成された「思考力・判断力・表現力等」を十二分に発揮して自分自身を生きていくような「人間性」に結実していかなくてはならないのです。

学校教育は最終的には人間教育を目指すものでなくてはなりません。そうした原理的な地点に常に立ち返りながら、真に「たくましい個性」を育てていく粘り強い取り組みを進めていきたいものです。

7　社会を生き人生を生きる

社会を生きること、自分の人生を生きること

　時代の進展と共に社会の在りようが急速に変化しつつあります。それにともない、我々の仕事の仕方も生活の在りようも変わっていかざるを得ません。現在学校で学んでいる小学生や中学生、そして高校生や大学生は、一人前の社会人職業人としてやっていく10年後、20年後の職業的活動や生活スタイルを想定し、それにきっちりとたくましく対応していける力を、今の学校生活の中で身につけていかなくてはなりません。国際性と共生の能力、新たな情報機器を使いこなす力、思考力や問題解決の力、不撓不屈の人間力、協調性協働性、等々の育成や涵養が強調されるのは、この意味で当然のことと言えるでしょう。

　しかしながら、こうした中で見失われがちになるのが一人一人の生身の「人間」としての在り方です。喜怒哀楽に彩られたその人の「人生」そのものです。社会人として職業人として有効適切に働くことができることは、その人にとっても社会自体にとっても大切なことですが、それ以前の基本的な課題として、自分自身に与えられた生命をどう生きていくか、自分自身の

生涯をどのようなものにしていくかを考え、工夫し、充実した満足できるものにすべく努力する、ということがあるのではないでしょうか。こうした本質的な面についての成長成熟を図る教育が、教育関係者に見過ごされるようなことがあっては一大事です。教育が「自分の人生を自分の責任で歩む主人公＝指し手」を育てる、という使命を見失ってしまい、「社会的に役立つ有能な人間＝駒」を育成するだけの営みになってしまったのでは、まさに本末転倒です。

幸いなことに、２０１７・２０１８年の学習指導要領改訂では、「学びを人生や社会に生かそうとする、学びに向かう力・人間性の涵養」という大きな目標が示されています。「社会」での働きに視点を向けるだけでなく、その土台となる「人生」の充実を教育課題として忘れてはならない、というメッセージです。このことは私自身が中央教育審議会の教育課程部会長・初等中等教育分科会長として取りまとめの任に当たった２００８・２００９年の学習指導要領改訂の際にも、根本的な教育課題として掲げられています。この時には、「生きる力」は「変化の激しい社会を担う」力というだけでなく「豊かな人生を送る上でも不可欠である」という形で、中央教育審議会答申（２００８年1月）に述べられています。

「よき社会人」＝「〈我々の世界〉を生きる力」は大切であるが

公教育（＝現代の学校教育制度）は国や社会の側から発想され、準備されるものであるだけに、そこで育つ人達については「国や社会に役立つ」こと、教育基本法の表現で言えば「国家及び社会の形成者として必要な資質を備えた」存在であることが、何よりもまず期待されざるをえません。そのためもあって、教育を受ける一人一人の側からの目線に立った目標としても、「社会でよりよく生きる」ことのみが、どうしても考えられがちになります。だからこそ、国や社会の側に立つ教育提言には、「有為な人材の育成」といった言葉が多用されることになるのです。

しかし改めて言うまでもなく、一人一人の人間は社会で生きていく存在であるとしても、社会的役割をうまくこなしていく「人材」としてのみ捉えられるべきではありません。一人一人の人間は、本来「目的そのもの」であるはずです。この世に生を受けたからには、一人一人の人間は、何よりもまず自分が自分自身の人生の主人公でなくてはなりません。そういう自覚を持って、自分自身の人生を自分なりに充実させ、満足できるものにしていくべく努めていかなくてはならないのです。こうした意味から言っても、人を「有為な人材」として育成するという視点からのみ教育を語ることは、本来慎むべきことなのです。

ここで言う「人生をよりよく生きる」とは、「〈各自の持つ独自固有の〉〈我の世界〉を生きる力」を身につけること、と言い換えてよいでしょう。これに対して「社会をよりよく生きる力」は、「〈人々とか組織や社会という形での〉〈我々の世界〉を生きる力」を身につけることと言うことができます。

まずもって幼少期から教育していかなくてはならないのは、「〈我々の世界〉をよりよく生きる力」の面です。自分が単独で生きているのでなく、周囲の人との相互関係の中で生きていることを学び、そうした人間関係の中でＴＰＯ（時・場所・場合）に応じた言動や装いがいかに大切かを理解し、現実の日常生活の中でそれが生きていくようになってほしいものです。自己中心的な言動を慎むと同時に、世の中のしきたりを学んでいかなくてはなりません。礼儀作法も挨拶の習慣も言葉づかいも、大事な課題となります。

そうした土台の上に立って、自分が成人してからどのような形で社会と関わり、どのような生き方をしていくか、を少しずつ考えていってほしいものです。具体的にはどのような職につくかを考え、その職を通じてどのように社会参加をし、どのような社会的役割を担っていくか、その役割を有効適切に果していくためにはどのような技能や心構えが必要とされるか、を学んでいかなくてはならないのです。

「充実した人生を生きる」＝「〈我の世界〉を生きる力」をこそ

しかし、それだけでは必ずしも十分でありません。一人一人が自分自身の生涯を展望した場合、自分なりに一定の社会的役割を果たし、それを通じて社会に参画し貢献することの外に、自分がどう生きていくか、という基本問題があるはずです。根本的なところから言いますと、自分自身の生病老死の意義を理解し、自分がそうした形で時々刻々の生を送っていることのかけがえなさを実感し、精神的な充実感と喜びを持って生きていくべく努めることが、自覚した個別の生命体として不可欠の重要さを持つはずだからです。その意味で、「自分自身の人生をよりよく生きる」ことを本当に実現していくための大事な課題があるはずであり、本来ならそれこそが「よき社会人として生きる」ことの土台になっていなくてはならないのです。

もちろん多くの現代人は、現実には、自分自身の人生の意味とか精神的な充実などということは二の次三の次として、目前の課題処理に追われるまま年齢を重ねていってしまいがちになります。しかしそれでは、自分自身の生を自分なりに受けとめ、味わい、自覚的に生きていると言えるのだろうか、ということになるでしょう。例え社会的に大成功を収めたとしても、自分自身の人生の主人公として生きているという姿勢が、人生の全体にわたって、死のその瞬間まで貫かれる、ということでなくては、結局のところ酔生夢死でしかない、と言わざるを得ないのです。

「良き社会人」と「充実した人生」を両立させていくためには、小さな時から一定のこだわりなり覚悟なりが不可欠のように思われます。つまり、自分自身の人生を、社会的に成功しようとしまいとこのようなものとして送っていきたい、というこだわりなり覚悟なりが欠かせないでしょう。これはまた、立身出世するかどうかとは関わりのない面での精神的充実をどう考えておくか、ということでもあります。そうした人生創りの上に立っての社会参画、社会貢献、社会的成功でなくては、結局は内実の伴わない見かけ上の人生にしかならない、と考えておくべきでしょう。

まず、自分自身を充実させ満足させてくれるものを自覚していかなくてはなりません。自分をワクワクさせてくれるもの、ドキドキさせてくれるもの、幸せ感に酔わせてくれるものは何なのかです。音楽の中に、スポーツの中に、読書の中に、美術作品の鑑賞の中に、あるいは種々のジャンルの創作の中に、そういうものを見つけることがあるかもしれません。小・中・

高・大の学校生活のそれぞれの段階において、体験的に模索していかなくてはならないでしょう。

これと同時に、他の人たちが充実感を持ち、幸福感を持つために自分に何ができるか、についてのこだわりを持つことが大切です。そして、それを日常のささいな言動から自分の社会的活動にいたるまでのさまざまな場でどう実現していくかよく考え、実際にやっていくことが必要となります。「皆が幸せにならない限りは（世界が全体幸福にならないうちは）個人の幸福はありえない」という宮沢賢治の『農民芸術概論綱要』の言葉の持つ意味に、少しずつ気づいていきたいものです（宮沢賢治『宮沢賢治全集10』筑摩書房、１９９５）。

こうした点については、これまで仏教で教えてきたところ、キリスト教で教えてきたところが、改めて思い起こされます。すぐれた思想家や文学者もまた、そうした方向への示唆を続けてきたところです。子供達に折を見ての読書と思索の大切さを改めて説いていかなくては、と思われてなりません。

「人生も社会もよりよく生きていく力の涵養」は、教育にとっての、言い換えるなら人間的な成長成熟にとっての、究極の目標と言ってよいでしょう。親も教師も、もう一度、そうした大目標に深く思いを致し、決意を新たにしたいものです。と同時に、自分自身の来し方を振り返り、「人生も社会もよりよく生きている」と言えるものであったか、自分自身の今後についてはどのようにしていけばいいか、よくよく考えてみたいものです。

8　涵養すべき人間性とは

2020~2022年度に小・中・高等学校で順次完全実施される新しい学習指導要領に、最終的に実現すべき教育成果として、「基礎的・基本的な知識・技能の習得」「思考力・判断力・表現力等の育成」と共に、「学びに向う力・人間性等の涵養」が掲げられています。ここで特に、「人間性の涵養」が加えられていることに注目したいものです。「人間性の涵養」は、教育基本法第1条で「教育は、人格の完成を目指し……」とうたわれているところに呼応しています。教育に関係する者全てがあらためて考えてみるべき大きな課題性を孕んでいる目標ではないでしょうか。

小・中・高等学校で現在学んでいる子供達が、卒業して社会で活躍する頃には、今の時代の我々に比べ格段に多くの新しいことを知っていなくてはならないでしょうし、新たな資質・能力をいろいろと身につけている必要があるでしょう。ＯＥＣＤが言う「キー・コンピテンシー」にしても、わが国で議論され提唱された「21世紀型能力」にしても、こうした未来社会から要求される基礎的な知識や資質・能力のリストとして重要なものと言えます。しかし、それらが身についただけで大丈夫と安心するわけにいきません。そうした、知識や資質・能力を身につけた上での人間としての基本的な在り方のことを見落としてはなりません。だからこそ私達は、以前から「人間教育」という課題を強調し続けてきたのです。新たに「人間性の涵養」が学校教育を通じての目標として掲げられたことは、この意味で非常に力づけられるところです。これを機会に教育界を挙げて、本質的かつ最終的な教育目標は本来何であったのか、を再確認したいものです。

「人間性の涵養」――基礎的要点は何か

ところで、この「人間性の涵養」の内容を具体的にどのように考えるかです。大きく捉えるならば、先にも触れたように、教育基本法第1条の「人格の完成を目指し」に通じるものでしょう。しかしながら、「人間性」といい「人格」といい極めて抽象的な概念であり、何らかの形でその具体的な内容を明確にしていかなければ、単なるキャッチフレーズ、言葉上の飾り、でしかないことになります。

それでは、「人間性の涵養」の具体的内容を、どのように考えたらいいでしょうか。「人間性」とは、文字通りに言えば「人間らしさ」「人間としての本質的な在り方」「人間を人間たらしめている特性」ということになります。このことについては、古代ギリシャの哲学者を初め、長い年月にわたってさまざまな形で論じられてきました。そして現代においてもさまざまな視点からの主張や提言があります。

「人間性」が具体的に指し示すところについては、一つの取っ掛かりとして、その欠如態を考えてみる、といった逆方向からの照射が有意義ではないでしょうか。

例えば「人間性にもとる」といった言葉で形容される行為があります。これは、残酷で残忍な行為について用いられてきた言い方です。他の人を一人の人間としての尊厳を無視するような形で取り扱う、といった場合です。また、「人間性に問題がある」といった言葉で形容されがちな行為もあります。例えば、公共の場所にゴミを散らかしたり、場所がらもわきまえず大騒ぎしたり、といった場合です。他の人の迷惑を考えることなく自分のやりたい放題をやる、自己中心性の強い行為を平気な顔でやっている、といった場合です。

「人間性の涵養」としては、こうしたネガティブケースから指し示されるように、「自己中心的で傍若無人的な感性の克服」「自己の言動のＴＰＯ的統制力の獲得」といった点がまず挙げられるのではないでしょうか。これをもう少し押し進めるならば、「他人を思い遣る感性の獲得」と、それに基づく「利他的奉仕的習慣の形成」ということにもなるでしょう。これらはいずれも、「自他を含む現実の洞察と理解を基盤とした適応的自己統制力の獲得」に関係しており、フロイトらが「エゴ機能」として強調してきた点でもあります。こうした点を踏まえて考えるならば、「人間性の涵養」の最も基礎的な要件として、

⑴　**他の人の気持ちを思い遣る感性を磨き、自他双方の利益を求める方向で現実の諸条件に常に目を配り、自己の言動をそうした現実適応へと統制していく力をつけていく**

ということになるのではないでしょうか。

こうした視点とは逆に、ポジティブな形で人間性が語られる場合についても考えてみたいと思います。例えば「豊かな人間性を持つ」といった形で形容される場合です。これは先に挙げた「他人を思い遣る感性」が豊かである、といった場合の他に、音楽や美術に親しむ機会を豊かに持ち、心理的に充足した時間を持つ人の場合など、芸術諸分野について特に造詣が深い人の場合にも使われることがあります。「人間性の涵養」は、このように、「様々な美的世界に対する感性を耕し、その中で心理的に充実し楽しめる能力の獲得」ということも大事な点になるのではないでしょうか。

しかしながら、これを「美」的世界だけにとどめることなく、他の多様な価値についても考えてみたいものです。「〈真〉や〈善〉や〈聖〉などに関する感性を耕し、その追求の中で自己充足できる能力の獲得」ということです。これらは、「美」を含め、いずれも「価値の追求」に関係しており、フロイトらの言葉を借りれば、「スーパーエゴ機能」に関わる点です。こうした点を踏まえるならば、「人間性の涵養」の具体的な要件として、

⑵　現実的な利害を超えた「真」「善」「美」「聖」等といった価値の感覚を磨き、そうした価値の追求の中で自己充足する力を育てていく

ということを挙げなくてはならないでしょう。

しかしながら、以上に挙げた視点だけでは、必ずしも十分ではありません。人間を人間たらしめている真の特性は、自分自身を意識化し、自分自身と対話し、自分自身との付き合いを深めながら生きる点にあるからです。「自他が共に生きる現実適応力の獲得」と「当面の現実適

応を超越した諸価値を追求する力の獲得」にしても、自分自身がそれを自覚し主宰しているという根本的な意識が欠けているなら、真に主体的な人間としては問題が残ります。お釈迦様の教えにあるように、「自己を主（アルジ）とする勿れ、自己の主（アルジ）となれ」なのです。

このように考えるならば、「人間性の涵養」ということで、

(3) 自分自身が時々刻々の生を送っていることのかけがえなさを実感し、自分自身との内的対話の習慣を持ち、精神的な充実感と喜びを持って自覚的に生きていくことを目指す

ということが不可欠の重要性を持ってくるのではないでしょうか。人間性とは、その基盤において、自分自身の自覚的な在り方に関わるものだからです。

生涯にわたる「人間性の涵養」のために――成熟した人間としての諸特性の実現を

さて、学校に在学している間に徐々に実現していってほしいところとしては、以上に挙げた基礎的な3点であるとして一応はよいでしょう。しかしながら、人間としての完成を目指すならば、長い人生の中で、生涯を懸けて目標とすべきところが、こうした諸点を土台として、より具体的な形で出てくるのではないでしょうか。

例えばマズロー(注1)は、特別に人格的に優れた古今の人について事例的な研究を積み上げ、以下に示すような成熟した特性が共通に見られることを指摘しています。そして、これらの諸点に関して自分自身を若い頃から磨いていく自己実現への努力を強調するのです（マズロー、上田吉一訳『完全なる人間――魂のめざすもの』誠信書房、１９６４）。

(a)　自分を取り巻く現実を粘り強く正確に認識・洞察できる。
(b)　自己や他人、自然をありのままに受け入れることができる。
(c)　自発的であり純粋であり自然である。
(d)　自己中心的でなく問題中心的である。
(e)　孤独を愛し自己限りのプライベイトな世界を大切にする。
(f)　自律的であり文化や環境に安易に左右されない。
(g)　至高体験（ピーク・エクスペリエンス）を持ち、そこで得た洞察を大切にする。

これら諸特性は多岐にわたっていますが、いずれも人間として成熟し、一層高次な存在になっていく際の具体的な姿として重要な意味を持つものと言ってよいでしょう。

このように見てくるならば、「人間性の涵養」ということで、

(4)　自他についての現実を的確に認知する能力を育て、自己についての意識の拡大によって自他一如の方向で自他への意識と態度の深化を図り、自己の言動と人生を貫く哲学を形成していくと同時に、今・ここでの至高体験を持つようになる

といった姿を目指すことが必要になるのではないでしょうか。

多くの現代人は、自分自身の人生の意味とか精神的な充実などには目もくれず、目前の課題処理に追われるまま年齢を重ねていきがちです。しかし、それでは人間として生まれ、人間として生きていく上でいいのか、ということになるでしょう。本当は誰もが、「与えられた〈いのち〉を豊かな形で自覚しつつ生きる私」という意識をぎりぎり最後まで持ち続けるべきで

しょう。これこそ最終的に目指すべき「人間性」の要点ではないでしょうか。

注

1　アブラハム・マズロー（1908～1970）はアメリカの心理学者。人間性心理学の生みの親の一人とされる。自己実現や至高体験などを強調した。

第Ⅱ部

愛知県岡崎市総合教育センターで小中学校教員に講演（2013 年 8 月）

1　内面世界へのこだわりを

顔の後ろの世界にこだわりたい

教育には何時の時代でも何処の地方でも必ず課題としなくてはならないこと、関心の焦点としなくてはならないこと、が存在しています。こうした不易の課題が人間教育であることは、あらためて言うまでもありません。この人間教育の具体的在り方を考えていく上で、キーワードとなるのが内面世界です。内面世界とは、何よりもまず、子供一人一人がこちらに向けている顔の後ろ側に秘めている、その子の独自固有な世界のことです。

親や教師に向けて見せている顔の後ろ側に、その子どもが何かを感じたり、考えたり、こだわったりしている世界が存在しているのです。これが内面世界なのですが、これが今どのような状態にあるのか、外部から窺い知るのは容易ではありません。時には本人も自分の内面の動きに気づいていないことがあるのです。親や教師は、こうした内面世界に対して働きかけていかなくてはならないのですが、これは結局のところ、外面に現れた表情や何気ない言葉を手がかりにするより仕方ありません。しかし、その気になって見ていけば、かなりの程度までその子の本当の気持ちの動きが分かるようになるはずです。

子供に対してどのような働きかけをすれば、内面世界にどういう関心が、どういう意欲が生まれるか、子供が何にこだわって、どのように考えていくようになるか、ということです。

子供はいつでも自然に、自分だけで大事なことに関心を持ち、そのことを学ぼうという意欲を持つわけではありません。子供がいつでも自然に自分だけで大事な「問い」を持ち、自分なりに何かを考えたり、調べたりする、というものではないのです。だからこそ親や教師の存在が大きな意味を持ってくるのです。例えば優れた教師なら、適切な形で場を準備し、素材を準備し、発問を準備して、子供の学びが前進していくように計らうことになります。関心と意欲と内的な「問い」を抜きにしては前向きで焦点のはっきりした学習を主体的に進めていくことはできませんが、それを子供一人一人の内面世界に生み出すのが、教師が学習指導を行う際に努めるべき第1歩なのです。

子どもが頷いたり「分かった！」と口にしても

子供は教室で教師好みの顔をしたり、教師の期待する通りの発言をしたり、ということがあります。教師の方ではそれをそのまま子どもの内面世界の素直な表現として受け止めてしまう危険性があることも、十分に認識しておかなくてはならないでしょう。

例えば、授業で子供達に「みんな分かった？」と尋ねると、皆が声をそろえて「分かった！」と答えたりします。しかしながら、実際には本人も本当に分かったかどうか分からないのに、

「分かった」と口にしている場合が少なくないのです。

だから、本当に教育をやろうとしたら、子どもが表面に出している表情や言葉などだけで授業を進めていってはならないのです。「分かった」という現れを示したら、この子の場合はなぜ「分かった」という言葉を口にしているのか、他の子どもたちに同調しているだけなのか、それとも自分で何かの根拠を持って「分かった」という気持ちになっているのか、を問題にしなくてはならないのです。もしも後者の場合なら、この子の「分かった」という気持ちの背後に、どのような形で根拠となる事実が成立しているのか、にこだわってみなくてはならないでしょう。

「○○ちゃん分かったの？　ではちょっとそれを説明してみてごらん」と言わないといけないのはこのためです。きちんと説明できれば、背後に「分かっている」という事実がきちんとした形で成立していることになります。でも間違った説明をした場合には、どういう考え間違いをして分かったつもりになっていたのか、よくよく洞察を働かせてみなくてはなりません。そして本当に分かるためには何をどう考え直したらいいのか、言ってあげなくてはならないでしょう。これが、その子供の内面世界と噛み合った指導、ということになるわけです。

「分かった?」と教師が尋ねて子供達皆が「分かった！」と答えたからと言って、そのまま次に進んでいくようでは困ります。だいたい子供は授業中、先生とある意味では義理の関係で動いているのです。自分の実感・納得・本音の地点にまで気持ちを掘り下げて考えてはいないのです。教師の問いに対して教師が喜んでくれるような答えを口にしないといけないと思っていますから、「分かった？」と聞くと「分かった！」と、「おもしろい？」と聞くと「おもしろい！」と、言って返すのです。しかし、それを信じてそのまま授業を進めていってしまうのでは何にもならないのです。

目がキラキラ、みんなイキイキ、ではどうにもならない

「ワークシートを準備して授業をやりましょう」と私は長年言ってきました。ワークシートを使うと、自分の考えをまとめて書く、という活動が多くなります。そのこと自体も大切なのですが、書かれたものに教師が目を通すことによって、当面の学習課題について子どもの内面世界が見えてくるという利点もあります。「分かった！」と口では言っていた子が、実際にはこんな薄っぺらなことしか考えていないのか……とか、明らかな考え違いがある……とか、教師が出した「問い」と子どもの側での受け止めの間にかなりの落差がある……とか、いろいろと気づくのではないでしょうか。

私はこれまで、「目がキラキラ」「みんなイキイキ」といった一部の教育学者好みの視点から授業を見るのは大間違いだ、と言い続けてきました。「目がキラキラ、みんなイキイキ」は、それ自体としては望ましいことです。しかしこれは、外的現れのレベルでの現象的なものでしかありません。問題は内面の何を基盤として目がキラキラしているのか、表情がイキイキしているのか、なのです。教師の冗談が面白いからかもしれませんし、教師の服装や装身具が変わっているからなのかもしれません。気持ちよい天気で爽快な気分になっているからかもしれ

ません。しかし、そういうことと本当の学習とは関係がないことなのです。

大阪で一時期、プロの若い芸人を学校に呼んで話して貰う、といった形での研修がはやったことがあります。子供達は芸人が自分達の前で話してくれれば目をキラキラさせますし、イキイキもするでしょう。でも、例えばボケとツッコミの面白さで笑ったとしても、それが子供達の本当の学習につながっていくでしょうか。授業は、子供達がその時その場だけでも喜べばいい、というものではないはずです。

先日もある熱心な小学校の発表会に行って、高学年の教室で話し合い活動を見せて貰いました。元気いいとはとても言えない子供が浮かない顔で発言したのですが、発言の内容は「なかなかよく考えているな」と思わせられるものでした。浮かない顔をしていてはダメ、ということはないのです。

小学校の高学年になれば、教師の期待に応えていつでも元気よく、というわけにいかなくなる子供もいます。また照れもあったりします。まさに思春期なのです。教師の期待するところに応えた言動を心がける「ティーチャーズペット」になるのを嫌がる子供が、当然のことながら出てくるのです。いずれにせよ、学習の内実は、そういう表面的なこととは無関係だということを銘記しておきたいものです。

実感・納得・本音に基づいた発言なのか

大事なのは、課題をその子なりの実感や本音に基づいて考えているかどうかです。自分なりの納得を追求しようとしているかどうかです。そういう見方ができないと、どんな教育論をしても上っ面の話になってしまいます。

「授業では、教師の発言は少ない方がいい、子供の発言が活発に盛り上がっていればいい」といったことを言う教育指導者がいます。本当は、そういうレベルでしか授業を見ない、ということ自体が駄目なのです。先生の発言が多かろうが少なかろうが、子供の内面世界に関心や意欲や問いが生まれるかどうか、なのです。子供の発言にしても、多い少ないではなく、どこまで自分の実感・納得・本音と関わっているか、なのです。そういう中身の面を考えないで現象的にだけ授業の在り方を問題にするのは、まさに的外れと言う外ありません。

本当の学びとは、一人一人の内面世界に生じるもの、その子の独自固有な世界に必然性を持つ形で成立するもの、ということを常に念頭に置きたいものです。

2　振り返りの習慣づけを

自分自身の主人公であるために

脇目もふらずに勉強している、我を忘れてスポーツに熱中している、一生懸命なにかに打ち込んでいる、そうした姿は美しいものです。そういう場合、当人にも大きな充実感があり、満足感があるでしょう。しかしそれだけでは人間として駄目なんだ、という見解があるのです。一生懸命やる、没頭する、というだけでは不十分であって、そこに何らかの振り返りがなくてはならない、という考え方です。

熱中や没頭があれば、それだけでいいようなものです。どうして振り返りなどが必要なのでしょうか。振り返ることによって活動や体験の直接性が損なわれてしまいそうで、興醒めな感じを持つ人もあるのではないでしょうか。

振り返り、見返り、反省、これらはいずれも、自分自身の活動の跡を見つめ直し、さらには自分自身のあり方を考え直してみることです。これはまた、自分自身のことについての自己内対話、内的リハーサルの基礎となる活動と言ってもいいでしょう。

こうした振り返りを通じて初めて、自分の体験したことが自分なりに意味づけられ、経験となっていきます。そして、そうした経験が自分の内面世界に組み込まれていき、これが累積していくことによって初めて、自分自身の判断や言動の内的な拠り所ができていくことになるのです。

この意味で振り返りは、その人の精神そのものを、特にその芯となるものを形成していくものです。したがってこれは、自立した人間にとって不可欠のものと言えるでしょう。

「人間は考える葦である」という有名な言葉があります。パスカル(注1)がその晩年にしたためた『パンセ』の中にある有名な一節です。存在しているだけでは意味がない、自分自身とそれを包む世界とを意識し理解しながら存在しているのでなくてはならない、と彼は言うのです。そして、何の振り返りも無いまま存在しているのでは、どんなに強大な力を備えていたとしても、それ自体としては無意味ではないか、ということを言っています。逆に言うならば、振り返りのある存在は、それ自体としては弱小であったとしても、一つの主体であるという意味において（振り返りが無くては主体になれない）、素晴らしい存在ではないか、ということなのです。

これは、繰り返し強調されてきた視点です。例えば、サルトル(注2)の即自（en soi）と対自（pour soi）の対比があります。実存主義の哲学が流行った１９６０年代、我が国でも多くの知識人が口にした言葉です。

即自とは、自分自身の存在に対する気付きを欠いた、それ自体としてある、という存在のあり方です。そこにただ在るだけ、と言ってもいいでしょう。その意味で、そこらの石や机は即自的な存在です。これに対して対自とは、自分自身の存在に気づき、自分自身と対話し、時には自分自身に背くような存在の在り方です。人間の人間たるゆえんは、あらためて言うまでもなく、この意味での対自性にあると言えるでしょう。

一人の人が自分自身の主人公として主体的に生きていくようになるためには、自分自身のこうした対自性を確立し、強化していかねばなりません。いろいろなことを知り、数多くの技能を身につけ、有能な存在となっていったとしても、そうした自己の在り方を十分に認識し、それを自分自身の価値観や原理原則に照らして活用していける主体としての在り方が育っていかなくては、どうにもならないのです。

つまり、教育の在り方として言えば、知識・理解・技能や思考力・問題解決力を身につけていくだけでは即自的な育ちでしかないのです。これらを身につけていくと同時に、自己認識・自己内対話、自己統制といった対自的な力が育っていって初めて、人間としての成長・発達と言えるのです。繰り返すようですが、対自性を抜きにしたままどのように強力な力を獲得したとしても、それは強力な「道具」を手に入れたというだけであって、人間そのものとして成長・発達したとは言えないのです。

振り返りは、こうした対自性の典型的な現れであると同時に、対自性を確立し、一層強化していくための手だてでもあります。この意味において、人間としての成長・発達を重視する教育をしていこうとするならば、こうした活動をどうしても重視しなければならなくなります。

つまり、何か外的な目的のために役立つ力（道具としての力）を身につけているという意味での有能さではなく、自分自身の生きていく世界を広げ、深め、それをまた自分自身が生きていく拠り所として用いることができるという有能さ（主体としての力）を身につけていくことを考えなくてはなりません。そのための重要かつ不可欠な手だてとして、振り返りが何よりもまずクローズアップされてくるのです。

様々な形での振り返り

しかし振り返りと言っても、どこまで振り返るかという点で長短さまざまな過去を問うものがあります。またどのような振り返りをするかという点でも、深浅さまざまなレベルでの自己吟味があるでしょう。

小学校や中学校で現在実際に試みられている振り返りの活動は、時間的回顧の長さが最も短い「今行ったばかりの活動」の振り返りであることが多いようです。これに加えて時に試みられているのは、時間的回顧の長さの最も長い「自分の個人史の全体」にわたっての振り返りではないでしょうか。しかし本当は、その中間段階のものも欲しいのです。

回顧の時間的長さを、そこで必要とされる具体的な知的操作という点で大別してみるならば、次の４つの基本タイプを区別することができるでしょう。

(1)　意識の流れ（の延長上で）の振り返り。活動終了時の振り返りのように、実際そこでやっている（やってきた）ことは如何なのかを考えてみる、という振り返り。

(2) 直接の記憶に残るところに基づく振り返り。一日の反省や一週間の振り返りのように、振り返りのための素材がそのまま記憶の中から引き出せるような振り返り。

(3) 身近な記録に依拠しての振り返り。学期とか学年、学校段階を通じての振り返りのように、直接の記憶に残る部分は多くないので、日誌や日記、作文や試験結果などその期間における自分自身の姿を示す多様な資料に目を通してみて、それに基づいての反省をしてみるような振り返り。

(4) 資料を掘り起こした上での振り返り。個人史の振り返りのように、さまざまな資料を探索し収集し、それらの上に立っていろいろと考えてみるような振り返り。

こうしたそれぞれの振り返りについては、その深浅についても、いろいろと考えてみなくてはなりません。どのようなところまで自己吟味をさせ、どのような形での自己認識に至らせるのかです。教育する側では、どこまでの深さを期待するのか、きちんとした見通しを持っておく必要があるでしょう。

教育活動としての振り返りの具体像

こうした振り返りを教育活動として行う場合、具体的にさまざまなものが考えられるでしょう。例えば、多くの学校で使えそうなものとしては次のようなものがあります。

ⓐ黙思・黙想

振り返りのために沈黙の時間を設け、自分自身の活動や生活、やってきたこと等について考えさせる。きちんとした振り返りに導いていくために指導が必要な場合もあります。

ⓑ振り返りの話し合い

子供達に振り返りを内容とした話し合いをしてもらう。他の子供の発言に刺激されて新たにさまざまなことが思い起こされるというメリットがあります。

ⓒ自己チェック項目

自己評価票としてよく使われているもの。準備も活動も結果の利用も簡便というメリットがあります。

ⓓ振り返りコメント

3～5行程度で簡単に記述してもらうもの。結果の読み取り・活用にやや労力が必要ですが、全般的に言えばこれもまた簡便性にメリットがあります。

ⓔ振り返り作文

特別な資料探索をしなくても書けるもの。結果の読み取り・活用にかなりの労力が必要ですが、深いところまでの振り返りが可能となる方法です。

ⓕ振り返りレポート

資料の探索・掘り起こしをやりながらレポートにまとめていくもの。子供の側にかなりの作業量が必要とされます。これもまた分析的評価、総合的評価にまで深まった振り返りを可能とするために必要となる手だてでもあります。

こうした振り返りを実際の教育活動の中でやっていくのは、そう容易いことではありません。あまり頻繁にやらせたら学習の流れそのものを阻害することになります。といって思い出したように時にやってみるというだけでは、期待するような教育効果を挙げることはできません。どの学年ではどの程度の頻度で授業の中に振り返りを位置づけていくか、どうしても問われざるをえないでしょう。

また、どのような方法が、どのような学年で、どのような学習課題に関して、という問題もあります。具体的な活動のあり方について、今後、さまざまな試みを積み重ねていかねばならないでしょう。学校現場における今後の一層の工夫に期待したいと思います。

注

1　ブレーズ・パスカル（1623〜1662）はフランスの哲学者、思想家。早熟の天才として、多面的な活動をした。津田穣訳『パンセ（冥想録）上・下』新潮文庫、1952、などを参照。

2　ジャン・ポール・サルトル（1905〜1980）はフランスの哲学者、小説家。我が国でも人文書院から『サルトル全集』（全38巻）が刊行されている。

3　豊かな感性を

感性が軽視されがちな現代に

最近の子どもは難しい言葉をいろいろ知っているけれど、そうした言葉の意味するところを本当に分かっているわけでない、と言われることがあります。実はこうした傾向は子どもだけに見られるものでなく、若者にも、壮年にも、そして老人にさえも見られる現代文明病ではないでしょうか。流行の言葉を深く意味も考えないまま口にし、言葉の上で辻褄を合わせるだけの思考をし、互いにその場限りの言葉のやりとりをするだけの会話をしがち、といった生活習慣の中で、言葉が限りなく軽いものになり、単なる符丁になったり合言葉になったりしているのではないか、という感じがないではありません。

カント(注1)を初め少なからぬ哲学者が、精神的能力の総体を、感性（sensibility）と悟性（intelect）と理性（reason）の三者に区分して議論を展開してきました。感性とは感覚の力であり、またそれによって触発される感情です。これに対して悟性とは、概念的かつ分析的な思考の力です。そして理性とは分別的な判断の力であり、さらには道理を弁えた冷静な正気を保つことです。これら三者が相互に関連しあって、実感的な土台を持ちながら合理的に考え、その結果に基づいて責任ある判断ができる、というあり方が望ましいとされてきました。また、理性によって自分の感情を統制すること、思考のあり方そのものも理性に基づいたものにすること、が言われてきたのです。

しかし近代以降は、どうしても悟性や理性の働きが強調され、感性が軽視され無視されてきたという事情があります。意識的世界だけを個々人に与えられたものとし、その世界だけで合理的思考を展開し理性的判断をするというあり方が重視され、これこそまさに主体的で自立した人間としての基本条件であるとまで考えられてきたのです。つまり、意識世界に何かをもたらす感性の働き、言い換えるなら環境と主体とのインターフェイス機能としての感性の働きが、ほとんど顧みられなくなったわけです。しかも感性のあり方が、意識すると否とを問わず悟性や理性のあり方を左右している、という面に目が向けられることも少なかったのです。

近代的な「自我の確立」と呼ばれることのある欧米的な「個の自立」が、どこか底の浅さを感じさせ、また頭でっかちで足が地に着かない危うさを孕んできたのは、こうした事情に依るものではないでしょうか。我が国の教育にも、いつの間にかこうした歪みが深く巣くっていることを、関係者の誰もが気づくべきでしょう。そして、意識世界内部の合理的整合性のみを重視する発想から脱却して、必ずしも充分には意識されない領域も含めた広大な世界を孕む全人的な在り方が、もっと考えられるべきではないでしょうか。最近、身体性の問題が取り上げられることが多くなったのは、この意味でも喜ばしいことです。

いずれにせよ、子供が考え判断する土台としての実感・納得・本音の世界をどう培っていくか、深く配慮し多様な工夫を試みるべきでしょう。これと同時に、子供の意向や感情をそのままの形で是認することをやめ、子供が自分の中に蠢く不定形の強い力に気づき、それを自分の力で判別し統制していけるよう、指導し支援していくことを考えなくてはなりません。感性を基本的に重視しつつも悟性および理性と感性の連携を深めていく基本課題として、この2方向の取り組みが不可欠と言ってよいでしょう。

情報化社会だからこそ直接体験を

こうした基本課題を追求していく上で忘れてはならないのは、現代社会で生活している我々が、まさに情報化社会に居るという点です。テレビや新聞、雑誌などのマスコミ情報が我々の日常生活に浸透し、またコンピュータシステムが発達してスマホやパソコンに代表されるパーソナルな情報端末が普及し、多種多様な大量の情報が個々人に対して時々刻々供給されるという状況にあるのです。

こうした情報化社会の中では直接的な体験が希薄となり、誰かが既にきちんと整理して提供してくれた情報を鵜呑にしてしまいがちになります。しかもこうした情報は、多くの場合二値的なものであり、マスコミで言えば善玉か悪玉か、コンピュータで言えば1か0か、といった性格を持ちがちです。多面的なもの、あいまいなもの、玉虫色のもの、割り切りにくいものは、回避され無視されるか、無理にでも〈善・悪〉〈優・劣〉〈良・不良〉といった二値的カテゴリーに振り分けられてしまうか、になりがちなのです。

こうした事情があるからこそ、今の子供達に、何よりもまず、カテゴリー化される前の多様な「生の」現実に直接的な形で触れさせたいのです。安易に概念や言葉をもてあそぶことを避け、無条件にじっくりと丸ごと味わってみるような体験をさせたいのです。

それでなくとも現代社会では、子どもが育って行く中で「生の」現実との接触が少なくなっています。こうしたことを考えるなら、教育の中で、例えば自然環境にじっくりと漬け込んで様々な体験をさせる、などの取り組みをすべきでしょう。また、多様な人との付き合いを大事にしつつ、諍いや喧嘩を含めた対人関係の様々な局面を体験させることも大切です。さらには、自分の住んでいる地域や街の様々な動きに参加させ、大人社会というものの種々相を垣間見させることも考えるべきでしょう。

もちろん、こうしたそれぞれの体験はやりっぱなしで済ますことなく、振り返りによって意識化し、自分の中での吟味検討を通じて経験化していくことが不可欠です。こうした「体験の経験化」によって初めて、感性が悟性や理性の基盤となり、また理性が悟性や感性を導く、ということが実現していくのです。

こうした基本認識の上に立って、自分の体験と実感に基づいて、自分で納得のいくところまで多面的に考える、といった総合的な思考力を身につけるよう指導していきたいものです。そして、物ごとを単純に割り切って判断することなく、一つのことの長所・短所、メリット・デメリット、光の面・影の面のいずれにも目を配っての判断ができるように育っていってほしいものです。さらには、自分の体験や実感に基づいて考えるなら一つの結論を出すことは困難、といった慎重な判断留保の態度を持つことができるような「あいまいさへの寛容さ（ambiguity tolerance)」をも、少しずつ身につけさせていきたいものです。

枯れ草にも「いのち」を感じ取るために

こうした見通しを持ちつつ、知識や論理以前のものとして、理屈を超えた形で、感性そのものの陶冶を考えていかなくてはならないでしょう。

ここで思い起こされるのが、私が以前に大阪教育大学附属池田小学校で見せて頂いた、菅井啓之先生の「枯れ草に〈いのち〉を観る」（注2）という印象的な授業です。

小学校4年の理科の時間でした。教卓の上には3つの花瓶が置かれ、造花と、枯れ草（尾花）と、切り花、が入れられています。菅井先生が、「この造花がきれいと言ってたのは誰だったかな?」「この枯れた花がきれいと言ってたのは?」「切り花がきれいと言ってた子は多かったよね。」と話しかけ、子供達はそれぞれ手を挙げます。「そうだったよね、それぞれのきれいさがあるよね。しかしこの三つの違いは何だったのかな? 生きてるってことでの違いがあるって誰かが言ってくれたよね。この造花は生きていない、でも作った人の心がこもってる。枯れた花は生きてるかどうかわからない。こちらの切り花は生きている。こんな風にみんなが言ってくれたんだよね。」

そして「生きているってどういうことかな?」と問いかけを進められます。子供達は次々と、「いのちがあるってこと」等々と答える。「いのちだよね」と頷いた先生は、「それじゃ、枯れ草をよく見てみたら、いのちが感じられるのかな。自分の観察したことや考えたことを観察ノートにまとめてみよう。」と指示を出されます。

この授業の背景には、菅井先生の次のような自然観があります。

「……枯れ草に〈いのち〉を感じ、そこから自然の奥深さをとらえようとするには、それなりの努力が必要となる。……。枯れ切った表面的な現象にとらわれないで、その奥にあるところの自然の本質に目を向けようというのである。石にも雲にも〈いのち〉を感じとることができる。一見無機質で、生命を感じとれないようなものでも、深い洞察を働かせることによって、その背後に流れるところの〈いのち〉をとらえることができる。……」

宮本武蔵(注3)の言葉を借りるならば、「物を見る目には観の目もあれば、見の目もある。観の目は物の生命を洞察し、見の目は物の皮相に触れるに止まる。」のです。この授業では「枯れ草(あるいは切り花)は死んでいるのか生きているのか」を問題にしているのではありません。直感的な洞察に努めさせるのです。こうした形で理屈を超えた直感を働かせるような場を持つことも、感性の深い耕しにとって重要なことではないでしょうか。

注

1　イマヌエル・カント(1724〜1804)はドイツ(プロイセン王国)の哲学者。『純粋理性批判』『実践理性批判』『判断力批判』などで有名。

2　詳しくは、梶田叡一『フィールド・ノート　子どもの心を育てる授業』国土社、1998を参照。

3　宮本武蔵（1584～1645）は江戸時代初期の剣術家。二刀流を編み出したことで知られる。最晩年に自分の剣術論人生論を『五輪書』としてまとめた。ここに引用した言葉は、この本に述べられている（ここでは要約して示す）。

4 知的な〈渇き〉を

「素直さ」を超えて

素直な子どもであれば、「勉強しなさい」と言われれば勉強するでしょうし、「一人で自分なりに調べてみなさい」と言われればそうするでしょう。「自分なりの問題意識、課題意識を持ってやってごらんなさい」と言われれば、一生懸命に考えて、自分なりの問題や課題を設定して取り組むでしょう。もちろん、これはこれでいいことです。けれども本当は、親や教師が何も言わなくても、自分から勉強し、一人調べをし、自分なりの問題意識や課題意識を持って取り組む、ということであってほしいものです。しかし、そのためには子どもの内面に何かが着実に育っていなくてはなりません。

親や教師が何も言わなくても、友達が皆遊んでいても、今ここでこれを勉強しなくては気が済まない、自分でこのことを調べてみなくては落ち着かない、という内的状態になってほしいものです。自分なりにこだわらざるをえない問題や課題を頭の中から追い払えない、という内的状態になってほしいものです。別に何かの必要に迫られているわけでもないのに、「あれはどうなっていたかな？　ちょっと調べてみよう！」、「これは本当はどういうことなのだろう？　ちょっと自分なりに考えてみよう！」といった気持ちになることが必要ではないでしょうか。

こういった「学びへの渇き」が内面に育っていなくては、外から見てどんなに自発的で自主的に勉強するようになったと見えたとしても、それは本物ではありません。子供が一つの外的適応の仕方（＝ＴＰＯに即した演技）を覚えただけのことです。教師や親のその時その場での期待に応えて、「自発的自主的な勉強」というパフォーマンスを上手にやれるようになっただけのことなのです。

知的な〈渇き〉を

誰も何も言わないのに、あるいは他の人との約束とか社会的な義務とかがあるわけでもないのに、「何かをやらなくては」という気持ちが自然に生じるという状態を、私は「内的な〈渇き〉」と呼んできました。たとえば喉がかわいて水に対する渇きを持っていれば、「水を自分で飲みなさい」などと誰も言わなくても、自分で水を探して飲みにいくでしょう。〈渇き〉ということで、そういう内的状態を想定したいのです。そういうものとして、学びに対する知的な〈渇き〉も考えたいのです。そうした〈渇き〉さえあれば、目に触れるもの、耳にするものの全てが、新たな学習を促すものとなるでしょう。

学びへの〈渇き〉と言っても、受験勉強の時の追い立てられるような気持ちのことではありません。ともかくも勉強していなくては不安で落ち着かない、といった強迫神経症的な気持ちのことでもありません。ここでの〈渇き〉とは、「おいしいものが食べたいな」とか、「いい音楽が聞きたいな」といった気持ちに近いものです。追い立てられたような気持ちで、不安にさいなまれながら勉強しても、充足感満足感はないでしょう。いや、かえって、やればやるほど不安と焦燥が深まっていくことになるのではないでしょうか。しかし「知的なグルメ」とでも言うべき〈渇き〉を持っているなら、一つのことを勉強すればするほど、一つのことを調べれば調べるほど、充足感満足感が深まっていくはずです。私たちが期待する〈渇き〉は、まさにそういう「グルメ」的なものなのです。

今の子供も若者も、こうした知的〈渇き〉をどのくらい持っているのだろうか、という不安がないわけではありません。よほど自分に関係することやもの以外には注意を向けようとしない「無関心」、勉強だけでなく遊びにさえなかなか一生懸命になれない「無気力」、どんな体験をさせても期待したほど感激せず、シラーッとした顔をしている「無感動」、ずいぶん以前から指摘されてきた「三無主義」が、いよいよ深まっている感がないわけではありません。安楽で安易な社会で精神的な張りや緊張を欠いたまま大きくなっていき、〈渇き〉に無縁なままの毎日を送っていきがち、ということなのでしょうか。しかし良質なグルメ的〈渇き〉のない人生は、結局は無味乾燥なものになるのです。

整理整頓・知的な刺激のある雰囲気・没頭体験

それでは、知的な〈渇き〉、学びへの〈渇き〉は、どうしたら育つのでしょうか。脳科学的に言えば前頭葉を活性化すること、と言われることもあります。このために、まず身の回りのことをキチンキチンと片付けるという習慣づけが大切、とも言われています。確かに意欲的であるために最も基盤となるのは、生活習慣を規律あるものにし、自分の身の回りのことに常に気を配り、絶えず身辺整理を心掛けることでしょう。学校でも家庭でも、子どもが心身共にだらしない状態になることなく、いつでもシャンとした状態でいるよう指導していくことが不可欠です。

そしてその上に、知的な刺激を含む会話や映像等が身の回りにあることが重要となります。望ましくは家庭でも学校でも、これまで多くの人に知られてきた詩や短歌や俳句が、また日本や諸外国の古典的名作が、あるいは世界的ニュースとなるような探険や探究、科学的発見などといった科学的トピックスが話題となってほしいものです。ＴＶ番組でも娯楽的なものだけでなく世界各国のニュースが、さらにはドキュメンタリーや科学解説に関わる番組が、子供達の目や耳に届くようにしたいものです。

そうした基盤の上に立ってどうしても心掛けたいのは、没頭体験を持つ、ということです。例えば追求・探究の活動をするとしても、非常に興味深い課題を準備し、子供達が我を忘れ、時間を忘れ、時には自分が学校にいることも忘れて、それに没頭することができるなら、子供は深い深い心理的充足感を味わうはずです。こうした没頭体験は、一種のピーク（頂上）体験と呼んでもいいでしょうが、これを体験することによって、子供の内面は深く耕されることになります。そしてそこから、新たな没頭への〈渇き〉、深い充足感を持つことへの〈渇き〉、が生まれてくるでしょう。

もちろん、こうした没頭体験は時々でいいのです。いつもいつも子供が我を忘れ、時間を忘れ、といった体験をするように、などと思ったら、親や教師の方もたまったものではありません。それに、勉強そのものが、「強いて勉める」と書くように、いつも面白いことだけをやるわけにはいきません。ましてや、いつも没頭できるものではありません。なかなか没頭できなくても自分自身を励ましつつ学び続ける、というしぶとい力をつけていくことも重要な課題となるのです。しかし、それにしてもやはり、一週間に少なくとも1度とか2度くらいは、本当に我を忘れて没頭してしまう活動の時間を持たせてやりたいものです。

良い本との出会いを

知的な〈渇き〉にとっては、読書がことのほか重要な意味を持ちます。本を読むという形の没頭体験を準備する、という面もあります。しかし読書には、もう少し別の面もないわけではありません。本を読むことによって、知らず知らずのうちに広い世界に目が開かれていき、また人の心の動きについても理解を深めることができるだけでなく、空想の翼を、イマジネーションの翼を、大きく羽ばたかすことができます。内面世界そのものが、読書によって直接的に広がり深まる、ということです。それだけではありません。本を読む習慣がつけば、一生涯自分なりに学ぶことが可能になります。自己教育力の根幹には何よりもまず読書の習慣がある、と言っても過言ではないでしょう。

だからこそ小さい頃から良い本に出会わせてやりたいものですし、本を読む習慣を身につけさせてやりたいものです。良い本と出会えば、そしてそれに読み耽る体験を持てば、もう一度そうした体験を持ちたくなり、また、もう一度その充実感を味わいたくなるでしょう。このため同じ本を読み返してみたり、似たような本を探して読むようになります。自分に充実感を与えてくれる新たな本と出会うべく、積極的にさまざまな本との接触を図るようにもなります。だからこそ、そういう良書との出会いをどのように準備するかが大切になるのです。

といっても、この本はどの子も喜んで読む、どの子もこの本で充実感を得る、というものではありません。子供によってピンとくる本、ワクワクする本が皆違います。だからこそ、親や教師はたくさんの本を知っていなくてはならないのです。古今の名作と言われるものはもちろん、新たに評判になっている本のことについても、よく知っていなくてはなりません。そうした知識を背景にしながら、子供に次々と、「この本を読んでみたらどう？」と紹介してやることができれば素敵ではないでしょうか。

もちろん、せっかく紹介してやっても、子供の方で余り面白いと思わない、という場合も少なくないでしょう。しかし、そうした空振りを良い手掛かりとしながら、この子にはこれがピンとくるのでは、という本を探して、次々と紹介してやることができれば最高です。そうした中でしか、その子にとっての「この一冊」との素晴らしい出会いなど起こりようがないのではないでしょうか。

5　学びへの〈促し〉を

学びへの〈促し〉が、子供の内面に生じてほしいものです。この〈促し〉とは、当面の課題意識なり問題意識なりをもたらすもの、そこから新たな学びへの意欲が出てくるきっかけなり弾みなりになるもの、です。それが欠けたままでは、主体的能動的な学習は無理と言っていいでしょう。

教師が「さぁ、このことについて調べてみよう！」と言えば、子供はその言葉に促されて、自分なりに何かを調べ始めるでしょう。「この問題についてできるだけ違った考え方を集めて、整理して考えてみよう！」と教師が言えば、子供はその言葉に促されて、その通りにしようと努めるでしょう。もちろん、そういう場合もあっていいのです。しかし、こうした教師の言葉とか教科書やワークブックに書かれた問題といった外的な〈促し〉よりずっと大事なものとして、子供の内面に学びへの〈促し〉が育ってほしいのです。

好奇心の刺激を

内的〈促し〉を生じさせるためには、まず第一に好奇心を刺激することでしょう。新しいもの、変わったものを見せたり聞かせたりすれば、誰でもハッとしたり、へエーッと驚いたりします。そして、「何だろう?」「どうなってるのだろう?」と身を乗り出したくなるはずです。

例えば子供達の前に、広い塀がずーっと一面に広がっているとしましょう。そのままでは、なかなか子供は、その塀の方に注意を向けてくれません。しかしその塀の真ん中に小さな穴を開けておいたらどうでしょう。人間と猿は必ずそこから覗いてみる、と言われたりします。「何があるのだろう?」と覗いてみずにはいられなくなるのです。何の得にもならなくても何か新奇なもの刺激のあるものをいつでも求めているのです。逆に言えば、妙に落ち着いてしまって、何があっても腰が上がらなくなったら、人間もうおしまいではないでしょうか。スマホが警報音を鳴らそうが、外でサイレンがウーッと鳴ろうが、腰も浮かさないで、「たいしたことない」と澄ました顔でおれるようになったら、もう駄目でしょう。

授業の中でいろんな工夫をして、「塀の真ん中の穴」を作り出さなくてはならないのです。一番簡単なのは、新奇な刺激を直接的に子供にぶつけることです。子供が今まで見たこともないもの、普通は見ることのない変わったものを見せたり聞かせたりすれば、必ず子供達は身を乗り出してきます。花や虫の大写しでもいい。動物の生活や活動を克明に映した動画でもいい。あるいは、自分たちの住んでいる町の航空写真でもいい。外国の珍しい町並みでもいい。こういうことのために今ではたくさんの映像教材が作られています。その気さえあれば、毎日のテレビ番組をチェックして、授業で使えそうなものを録画しておくこともできます。もちろん、実物があればもっといいでしょう。いろいろな珍しいものを教室に持ち込んで子供に見せたり触らせたりすれば、子供はとても喜ぶはずです。こうした実物教材についても、もっと考えてみたいものです。

私の知人の小学校教師で、草花のことに非常に詳しい方が居られます。その方と一緒に校庭をまわるだけで、ワクワクするような楽しい時間が持てることになります。春のうららかな日差しを浴びて、子供達と一緒に歩きながら、「この黄色い花を付けている草はニガナの仲間だよ、茎を折ると白い汁が出てくるよ」、「あちらのタンポポとこっちのタンポポとはどこか感じが違うだろ、こっちのは外国から入ってきたセイヨウタンポポ、あっちのは日本に昔からあったタンポポ、カンサイタンポポだよ」といったことを語って貰うだけで子供の目が輝いてきます。そして「雑草」とか「名もない花」などは本来存在しない、どんな草にも花にも名前があり、それぞれの生き方がある、ということにも気づいてくれるでしょう。子供の好奇心を刺激するためには、教師の内部にたくさんの知識や体験のストックが不可欠です。

こだわり＝認知的不協和を持たせたい

第二に、学びへの〈促し〉をもたらすものとして、「こだわり」ということを考えてみたいと思います。子供が何かにこだわりを持てば、そのこだわりを解消するためにいろいろ調べたり考えたり話し合ったりせざるをえなくなります。こうした「こだわり」は、心理学で「認知的不協和（cognitive dissonance）」と呼ばれてきたところと深く関係しています。一人の人の頭の中で考えやイメージや感情が相互に食い違ったり矛盾したりする状態になると、そうした食い違いや矛盾を何とか解決し解消しなくては落ち着かない、といった気持ちになります。そのために資料で確かめたり、新しい情報を集めたり、今まで自分が持っていた考えを変えたり、他の人達と話し合ってみたり、という活動をせざるをえなくなります。

例えば自分の尊敬する政治家のスキャンダルが新聞やテレビで報じられ、厳しく批判されている、としましょう。同じ人に対する尊敬と悪い情報とは一人の人の頭の中では両立しません。どうしてもこの矛盾を解消しなくては、という気持ちが自然に湧いてくるはずです。自分が尊敬してきたことが妥当なのかどうか、新聞やテレビが大袈裟に騒ぎすぎているのかどうか、です。結局は自分の頭の中で決着をつけなくてはならなくなります。その政治家に対するこだわりが、関連した情報を集めたり、自分の中で考えを整理し直したり、等々といった活動を引き起こさざるをえなくなるのです。

学習指導の中でのこの活用が、「ゆさぶり」をねらった発問や教材提示、「概念くだき」をねらった発問や教材提示などです。道徳教育でよく試みられる「概念葛藤」なども、こうした意味でのこだわりを生みだし、それをエネルギー源として学習を進めていく方法の一つです。例えば、自分はこう考えると発言したが、友達はそれとは違う考えを出した、そこでどちらが正しくどちらが誤っているかではなく、どういう視点から考えれば両方の考えのどちらもが成り立つか、を考えさせる。これは大変しんどいことです。どちらの考え方が本当か、という話し合いの方が、ずっとやりやすいでしょう。自分の頭の中に相矛盾する二つの考えを置いて、どちらの考え方も成り立つ新たな視点を探し求めるというのは本当に大変です。しかし、こうした矛盾を頭の中に引き受けたら、新たな解決に達するまで考え続けなくてはならなくなります。解決への努力が持続せざるをえなくなるのです。無意識の間にも何とか頭にある矛盾を解決しなくては、と考え続けることになるのです。

これとは逆の、〈促し〉を全く生みださない整理の仕方は、「あれはあれ」「これはこれ」と、何でも個々ばらばらに切り離して処理してしまうことです。これは確かにスッキリするでしょう。矛盾葛藤など生じようがないでしょうが、本当の思考も問題解決への努力もこうした姿勢からは出てきようがありません。

達成感・効力感を持たせたい

学びへの〈促し〉を生みだす大切なポイントとして、3番目に、達成感・効力感のことを考えておきたいと思います。「アァ自分にもできたんだ！」「自分も頑張れば頑張っただけのことがある！」という体験をすれば、「また今度も頑張ってやってみよう！」という気持ちになります。だから、どこで、どういう形で達成感・効力感を味わわせるか、が大事になるのです。

その一つは、「言葉かけ」の工夫です。子供が頑張ったり、何かをやり遂げたりしたとき、すかさず声を掛けてやるのです。「よくやったね」「うまくできたね」と言ってやれば、自分が頑張った結果を誰かが見届けていてくれた、というだけで大きな励ましになります。なかなか一人っきりでは頑張りを持続できません。誰かの暖かい眼で支えられなくては、しんどさを乗り切れない時があります。そうした暖かい眼が自分に注がれていることを実感するのが、やり遂げてホッとした時に掛けられる「よくやったね」という言葉ではないでしょうか。

また、達成感・効力感を味わわせる工夫を組み込んだワークシートもあります。スモール・ステップで問題系列を組んでいって、「できた、できた」という気持ちを積み重ねながら自然にどんどん先まで進んでいく、といった工夫です。また、自己評価表を組み込んで、自分のそれまでの達成状況を自分で確かめてみる、ということも効果があります。自己評価も、あんまりうるさくやりすぎると、ルーティン・ワーク的になって、何も考えずに自己評価表にチェックしていくだけ、ということになりますが、工夫次第では達成感・効力感を得るための良い機会となるでしょう。

キレイゴトの教育論では、子供は初めから学びたがっているのだ、ということになっています。だから、親や教師がうるさく言わなくても子供は自発的に自主的に学習していくはずだ、ということになります。しかし、ことはそれほど簡単ではありません。子供が「学びたがる」という状態を実現するためには、いろいろと工夫すべき課題があります。教育活動の中でいろいろと工夫していただかなければならない課題を、子どもの内面世界への働きかけという面から考えてみなくてはならないのです。

6　生涯学習能力の育成を

高齢化社会で生きるために

公民館の市民講座の講師を務めたことが何度かありますが、受講者の多くは高齢者の方でした。皆さんとても熱心で、質問や意見発表をされる方も少なくありません。感想文などにも年輪の厚みを感じさせる見解を述べておられます。私の講義は必ずしも実用的実際的な内容でなく、面白おかしいものでもありませんが、そうなのです。知的な要求がよほど強くなければ、高齢者になっても学び続けるなどということは困難でしょう。若々しい活力にあふれていなければ、毎回の講義についていくことができなかったのでは、と思われます。

市民スポーツ教室といった体育関係の集まりに来ておられる人達の中にも、最近は歳を取った方が多く見られます。また大学に社会人入学として入ってこられる人達の中に、子育ての終わった主婦の方や定年で勤めを辞めた元サラリーマンの方の姿も増えています。いかにも若々しく、前向きの積極的な姿勢を持っていらっしゃる方々です。

これから我が国は、どんどん高齢化社会が進んでいくことになります。誰もが人生80年とか

90年、あるいは100年を前提に生きていかざるを得なくなるわけです。65歳なり70歳で職を辞したとしても、その後20年なり30年なりを元気に溌剌としてやっていくためにどうしたらよいか、誰もが考えておかなくてはならない時代です。

これは、50歳なり60歳なりを過ぎてから考えれば済むような問題ではありません。幼少の頃から少しずつ考え、準備していかなければならない問題です。生涯学習を前提とした学校教育のあり方が改めて問われているのは、このためにほかならないのです。

では、70歳、80歳を過ぎてもなお元気で、若々しく、活力にあふれ、前向きの積極的な姿勢で生きていくためには、幼少の頃から何を準備しておけばよいのでしょうか。

体力と気力の養成を

最も基底にあるものは、当然のことながら、体力と気力です。青白いもやしのような育ちでは、60歳までちゃんとした働きができるかどうかも覚束ないでしょう。ましていわんや、それ以上の年齢になった時に、若々しく活力にあふれていることなど思いもよりません。幼少の頃から体力をつけること、気力を養うことこそ、高齢化社会を若々しく生き抜いていくための基盤として、最も大切なことではないでしょうか。

しかし今の子供達の姿を見ると、この点での危惧を持つ人が少なくないと思われます。小さい頃から家の中でスマホやパソコンのゲームをやっているだけで、外に出て遊ぼうとしない子が増えています。小学校の上級くらいから塾通いに時間を取られ、慢性的な睡眠不足を訴える子も少なくありません。外出する場合も車を使うことが多く、自分の足で30分とか1時間とか歩くことは珍しくなっています。甘味料や添加物のたくさん入った各種飲料が子供の周囲に溢れており、好きな時に好きなだけそういう飲料を飲むということが今や子供の生活形態の一部になってしまっています。親も社会も子供の様子に常に目を注ぎ、やりたいことや欲しいものを常に準備してくれ、障害となるものや危険なものはいつも事前に排除してくれているため、子供は常に安全で安楽ではありますが、我慢すること、挫折すること、失敗することからも隔離されてしまっています。体力も気力も、それを鍛えたり育成したりする場がない、というのが現実ではないでしょうか。

だからこそ、親も学校関係者も、そして地域で活動している人も、よくよく考えてみなくてはならないのです。例えば早寝早起き。朝ごはんを食べ、登校前にトイレに行っておくこと。できるだけ車に乗らず歩く習慣をつけること。缶ジュースなどを飲まないで普通の水なりお茶なりを飲む習慣をつけること。こうした「当たり前」のことを一つずつ着実に子どもの日常習慣として身につけさせていくべきではないでしょうか。これに加えて、我慢すること、苦しくても最後までやり抜くことを習慣づけるべきでしょう。学校や家庭の掃除をすること、体育の時間の準備や後片付けをきちんとすること、などもこの意味で大切な活動です。

好奇心・野次馬根性・没頭体験を

さらには、何か面白そうなことがあったらすぐに喰らいついていく、といった好奇心なり野次馬根性なりを持つことも大切です。これが旺盛でなくては、歳を取ってからまで勉強をしたり新しいスポーツを試みたり、という気にはならないでしょう。

しかしこの点についても、今の子供達の様子はあまり安心できるものではありません。テレビなどを通じての間接経験ばかりが豊富になって、何でも「知ってる、知ってる」という感じです。しかも外で遊ぶことが少なくなって、思いがけない発見をするとか、花や虫や鳥などに我を忘れて見とれるとか、きれいな昆虫や石などを探し歩いて集めてみる、といったこともほとんど経験しないままになっています。

このためもあってか、子供達は何かにつけてクールであり、冷ややかです。「得にもならないことに一生懸命になったって」という気分がどこかに見え隠れします。そして何ごとについてものめりこめないまま一歩身を引いた姿勢でいることが多いようです。

そういう子供達に対して、まず豊富な直接体験をもたせたいものです。小学校の生活科などでやっているように、四季折々に公園や川、神社・寺院の境内など学校の近くにある自然の探索を行わせ、花や虫や鳥や魚等々と出会わせることも必要でしょう。体育の時間には、いろいろな種類のスポーツを体験させ、自分の全身的な欲求や身体的感覚に気づく機会を持つことも大切です。また遠足などの機会を大事にして、知らない土地の「探険」を行ってみるのもいいでしょう。直接体験が豊富にあってこそ、好奇心を大本で支える感性が豊かになっていくのです。

これに加えて、子供達に没頭体験をもたせたいものです。スポーツでも工作でも合唱でもいいのですが、自分で面白く思える活動に我を忘れて取り組むとか、たまたま出会った本を読みふけって時間も自分の今居る場所も忘れてしまう、といった体験です。こうした没頭体験の蓄積が、新たな好奇心の原動力となっていくのです。学校はどうしてもお仕着せの勉強の場になってしまいがちであるだけに、子供が自らのめりこむような場を準備することに工夫をこらしたいと思います。

対処的（Coping）な姿勢の育成を

人間は楽な方楽な方へと行きたがるものです。だから子供でも大人でも、気を許すとすぐに安楽・安逸・安易の方に流されていってしまいます。しかしそうした姿勢で生きていくのでは、生涯学習はとうてい無理でしょう。歳を取ってからまで新しい課題に取り組んで苦労するなど、楽なことではないからです。

心理学で「対処的（Coping）」と「防衛的（Defensive）」という2つの姿勢が、対比的に論じられることがあります。前者は嫌なこと苦しいことでも、見るべきは見る、やるべきはやる、という心の持ち方です。後者は嫌なこと苦しいことからは目を背け、ごまかしてでもいいから自分の安楽な世界を守ろうとする心の持ち方です。当然のことながら、防衛的姿勢を続けていくならば、その場は安楽でも、長い目で見れば現実そのものとの接点が失われ、不適応になっていかざるを得ません。だから苦しくても現実そのものと向き合う覚悟を常に持たねば、精神的な健康さもバイタリティも保てないのです。

江戸時代の儒学者熊沢蕃山（注1）は、

憂きことのなおこの上に積もれかし限りある身の力ためさん

という歌を残しています。「嫌なことよ、どんどん我が身に降りかかってこい、自分は限界のある身であるだろうけれど、その限界を試してみようではないか」という積極的かつ挑戦的な姿勢を示す歌です。これこそまさに対処的な構えを示すものでしょう。

子供が安易に泣きごとを言うのをそのまま認めてはならない場合があります。母性的な姿勢で子供に接することが必要な場合もありますが、時には父性的な姿勢が不可欠なのです。子供自身から言っても、自分との内的な対話をする中で、時には自分自身を叱咤激励して厳しい現実を直視し、苦しい課題に真っ向から取り組んでいくよう自分を仕向けていくのでなくてはなりません。これがなくては、生涯を貫いて自分なりに発展していくということは、不可能なのです。こうした緩急自在の自己内対話を習慣化することも、何とかやっていきたいものです。

高齢化社会は、人々に長命・豊かな経験・賢明さを約束する社会です。高齢化社会の実現がもたらすこうした積極的な面に目を向けつつ、今目の前にいる子供達が長い人生を豊かにたくましく成長し続けていくための下地作りに努めていきたいものです。

注

1　熊沢蕃山（1619〜1691）は江戸時代初期の陽明学者。中江藤樹に学ぶ。『集義和書』『大学或問』などを著す。

7　自己のテクノロジーの活用を

自己のテクノロジーとは

前にも触れたように、フランスの哲学者ミシェル・フーコーは、古代ギリシャのプラトンやキケロ、セネカ、マルクス・アウレリウスから初期キリスト教思想への流れを検討し、「自己への配慮（epimelesthai sautou / Le souci de soi）」について、どのような技法や習慣が用いられてきたかという点を研究しています。

こうした「自己への配慮」の仕方を、フーコーは「自己のテクノロジー」と呼んでいます。これは、自分自身をどうコントロールするかということよりもずっと広いとらえ方で、自分自身に対する対応の仕方全般を含む、と理解しておけばいいと思います。

フーコーは、古代ギリシャの哲学者、思想家の「自己への配慮」の仕方についての考え方をたどっていきながら、それが実はキリスト教の伝統の中に入っている、特に初期キリスト教の中にこれが生きていることを、いろいろと跡付けています。そしてこれが現代ヨーロッパの文化や精神のあり方に大きな影響を与えていることを指摘します。

フーコーによると、自分自身との対応の仕方について、少なくとも以下に述べる3つの技法なり習慣なりが、古代ギリシャからキリスト教に流れ込んでいることが分かると言います。こうした技法なり習慣は、自己教育という点から言って、更には人間教育という大きな視点から言って、非常に重要なもののように思われます（ミシェル・フーコーほか『自己のテクノロジー――フーコー・セミナーの記録』田村俶・雲和子訳、岩波現代文庫、1999）。

自己開示

1つは自己開示、自分自身を自分に対して開くことです。これは、自分自身に自分の姿が見えるようになること、と言ってもいいでしょう。具体的には、日記をつける、信頼できる友達に手紙を書く、といったことをする中で、自分がどういう時にどういうことを感じた、何に気づいた、どう思った、どう反応した、といった自分自身の姿を自分の目に浮かび上がらせ、きっちりと意識化していくことです。

自分が活動に熱中している際には自分を振り返ることができないままになるのが普通です。今ここでの自分の思いは何なのか、気付きは何なのか、感情の流れはどうなのか、などということを不問に付しています。そして自分自身に対する何らの気付きもないまま、前へ前へと進んでいってしまうのです。

例えば休日にテニスをやるとします。朝起きて大急ぎでコートに来て、一日テニスをやって、「ああ疲れた」と言ってシャワーでも浴びて、御飯でも食べて、パタンと寝てしまうとします。そうすれば、その日一日何の気付きもないまま終ってしまうことになりかねません。数多くの活動はあったけれども、その過程で自分自身への振り返りはない。したがって自分の活動の姿、活動過程での自分の内的な反応の姿、に何も気づかないままに終るでしょう。

どうしても活動していると、没頭すればするほど、何の気付きもないまま、何の振り返りもないまま、そのまま進んでいってしまうことになります。だからこそ、例えば今日のテニスのことを日記に書いておく、誰かへの手紙に書いてみる、ということが意味を持ってくるのです。こうした形での振り返り、自己吟味をおこなうことによって、自分自身の意識世界に自分の姿が現れてくる機会を持つことができるわけです。

自己開示というのは、自分自身に対して自分の姿が表われてくることです。例えば手紙を書く場合であるなら、自分のことを書くという過程で自己開示があり、また自分に開示された自分の姿を書き送ることによって相手と自己イメージの共有化をはかると同時に、それに対する相手からの反応を知ることによって一層自己開示が深まることになるわけです。

いずれにせよ、自己開示は、自分のことを意識しないまま、いわば何の気なしにやってしまいがちな諸活動を、一旦対象化して見詰めてみることです。そして、その見詰める過程そのものから、自己の姿をめぐっての自己内対話が始まる、と言っていいでしょう。

定期的な自己吟味

二番目は、定期的な自己吟味と反省です。これは、例えば夕方に一度自分を振り返って反省してみるという習慣を持つことによって、もっと徹底的に自己開示に努める、ということでもあります。これがすでに古代ギリシャで行われているというのです。

もちろんこの習慣は古代中国にもあったことで、論語の学而編にも「吾、日に三たび吾身を省みる（三省）」という言葉があります。近代では日本の海軍兵学校でも、夕方に、「至誠に悖るなかりしか」「言行に恥ずるなかりしか」といった形で、五つの観点から自分を反省する習慣（五省）を持っていました。日本の海軍の伝統は中国からなのか古代ギリシャからなのかそのルーツは知りませんけれども、非常に重要な意味を持つ習慣であると思います。

この場合、自分の行為をただ単に振り返ってみるだけでなく、「本来、どうあるべきであったのか」という理想像なり規範なりとの関わりで、実際の自分の思い、行い、発言などがどうであったのか、ということを振り返って反省してみるわけです。こういう習慣が古代ギリシャからキリスト教にも受け継がれて伝統化しているのです。ですから現代のカトリックの習慣においても、「夕べの祈り」の中に、その日一日の自分自身を振り返り、「思い・言葉・行い・怠り」によって「まずい点や誤った点」がなかったかどうか吟味点検し、心からその日一日の「罪」を悔い改めるという活動が置かれているのです。

こうした形での自己吟味の習慣は、自分自身を凝視し見詰め直すための良い機会であると同時に、自分自身を改めて方向づけ、改善向上へと意欲づけていく、という形での自己内対話を促進するものと言ってよいでしょう。

非現実的状況における自己の想定

そして3番目が、自分の内面の動きや外的な言動についての想定です。これは、非現実的な架空の状況を思い描いてみて、自分はそういう場合にいったいどう感じ、考え、振る舞うのだろうか、ということを考えてみる活動です。

例えば「明日あなたは死ぬことになるだろう」といった宣告をされたならば、いったい自分はどうするだろうかを考えてみるわけです。現代的に言えば、「あなたは、癌であと半年の命です」と告知された場合、私はどう考え、どうするだろう、と考えてみることになります。例えばそういう危機的な状況を想定し、そうした状況での自分の振る舞いの予測をしてみることによって、普段は気づいていない自分自身の奥底に潜んでいるものについても考えることができるわけです。そうすると、普段何気なく自分自身について考えていたことをもっと幅広く深浅自在に考えることができ、そこから新たな自己発見自己理解に導かれることにもなります。

そういう操作を通じて、自分にとって今一番優先順位の高いこと、今どうしてもやらなくてはいけないことは何だろうか、何が何でも今やりたいことは何だろうか、といったことにも気づくことができるのではないでしょうか。いつも明日がまたあると思うから、やりたいことやらねばならないことを明日へ明日へと先送りしてしまいます。けれども、もし明日という日はない、と想定してみたら、いくらのんきに構えていても今日中にこれとこれを片付けなくては、ということになるのではないでしょうか。

例えばこうした形で時々架空の状況を想定してみることによって、自分自身にとって現在の時点で本当に大事なもの、あるいは本質的な意味で自分が大事にしなくてはいけないもの、に気づくことができるでしょう。

われわれはどうしても日常性の中に閉じ込められマンネリ化してしまいがちです。毎日毎日朝起きて、朝食をし、何か仕事をして、また夕方になって「疲れたなあ」と言って夕食をし、そして「これで今日も一日が済んだ、これで寝ましょう」ということで日を送ってしまいがちです。そうした無自覚な日常性への埋没を、どこかで断ち切ってみることが必要ではないでしょうか。

自分で意識的に「もし、こういうことが自分に待っているとすれば」とか、「こういう状況にもしも自分が置かれたとしたら」とか考えてみれば、日常性からの脱出のきっかけが与えられる場合があるかもしれません。例えば「自分が乗った飛行機が落ちるということが分かった時、最後の5分間で自分は何をするんだろう」といったことを、時には考えてみてもいいでしょう。

架空のことかもしれないけれども、そういう想定をしてみる中で、自分が普段は全然考えていない、全然意識していない、何か自分にとって非常に重要なことに気づくかもしれないのです。これも自分自身の見詰め方の一種と言って良いでしょう。そして、これによって新たなタイプの自己内対話が始まってくることも間違いありません。

こうしたことが古代ギリシャの時代から行われていたということは、私にとっても大きな驚きでした。「自己のテクノロジー」を活用して、私自身も、自己内対話を一層活発にやっていきたいと思います。

第Ⅲ部

ネパールのバンディプールのノートルダム小学校で子供達が列を作って私に花をくれる（1999 年 11 月）

1 基盤となる言葉の力を

言葉は、互いにコミュニケーションする際の大切な道具となります。だから言語活動を通じてコミュニケーションの力をつけていくことは、非常に大事な目標となります。しかし言葉は、コミュニケーションのための道具というだけでなく、認識の道具でもあり、思考の道具でもあり、問題解決の道具でもあります。また言葉は、自分自身の心をコントロールする道具にもなりますし、自分自身や他の人の心に火をつけ活性化する道具ともなります。さらには、他の人との諍いを静め解決する道具ともなりますし、新たな諍いを生じさせる武器とも、また他の人の心に傷を負わせる凶器ともなります。こうした言葉の多様な働きについて、少しずつ子供達に理解させていきたいものです。

こうした多面的な「言葉の力」については、私自身、2008・2009年の、また2017・2018年の学習指導要領改訂の際に、中央教育審議会で強調してきました。また日本語検定の活動を通じて、学校教育の世界だけでなく、社会全体に対しても様々な機会をとらえて訴えてきました。こうした中で、さまざまな言語活動が現在どの学校でも見られるようになってきたのは嬉しいことです。いろいろな機会に話し合い活動をやらせたり、書く活動をやらせたり、教科書や副読本の音読をやらせたり、古典の一部を暗唱させたり、感想文やレポートをまとめさせたり、といった様子を拝見することが多くなったのは、まことに頼もしいことです。

しかしながら、言語活動をやっているというだけで満足してしまい、この活動によってどのような力をつけようとしているのか問われないままになっていることも、まだまだ多いように思われます。

例えば話し合い活動でも、その場での皆の発言が多ければいいというものではありません。相手の言うことにきちんと耳を傾け、言おうとしていることを十分に理解しようと努めた上で、それに対応した自分の考えを口にしていく、といった姿になっているかどうかです。書く活動でも、後で必ず自分の書いたものを読み直して誤字脱字を見つけたり、他の人が読んでもきちんと意味が通じるかどうか文章表現や筋の立て方を吟味検討したりして必要な修正を加える習慣がついているかどうかです。音読にしても、きちんと正しく読めているかのチェックから始まって、文章の切れ目や言葉と言葉のリズミカルな関係等に着目してはっきりした声で読むように、という指導を絶えずしていかなくてはなりません。こうした努力があって初めて、〈言葉の力〉が育つことになるのです。それを抜きにしたまま、子どもたちの言語活動が見掛け上どれほど盛り上がろうと、教育的にはそれほど意味があるわけではないのです。

まだまだ日本の教育界には、見掛け上の盛り上がりで授業の善し悪しを判断してしまう誤った見方が残っているのではないでしょうか。だからこそ、しっかりとした目標意識とチェックポイント、必要となる指導の手立てを準備して、言語活動をやっていかなければならないのです。

話し合い活動では「聴く」ことの重視を

「話し合い」という活動について、もう少し考えてみることにしましょう。

「話す」ことは、乳幼児の時期から子どもにとって最も緊要な学習課題の一つです。自分の欲求・要求を発語することによって周囲に伝えなければ、自分の生存を維持することも不可能ですし、自分の好き嫌いを表明することによって初めて自分に好都合な形で周囲との関係を築いていくことも可能になります。このように「話す」ことは、欲求充足の道具であり、自己主張の道具であり、誰もが成長発達の過程で嫌でも習得していかねばならぬ最重要な技術の一つなのです。

これに比べれば、成長発達していく過程での「聴く」ことの意義は、少なくとも現代社会においては、小さいものになっています。親や教師を初め周囲の大人達が子供の言うことに何らの批判も制限も加えようとせず、無条件に認め受容していくことをもってよしとする「甘やかし文化」の下では、子供の側で「聴く」ことに気持ちを集中させる必要はほとんどありません。「言いたいことを言い張るだけの子」が溢れているのはこの意味で当然でしょう。また「モンスターペアレント」のように、自己主張を重ねるだけで、「聴く耳」を持たない大人が頻出するのも、「聴く」ことの軽視が生んだ当然至極の帰結と言ってよいでしょう。

「話し合い」の指導の中で、まず「聴く」ことを課題とせざるをえないのは、こうした背景があるのです。言いたいことを口にする前に、まず相手の言っていることにじっと耳を傾けてみることです。そういう場合、時には相手の目をじっと見てみることも大切になるでしょう。瞳の動きから相手の言うことの背後にあるものを探ってみることが必要となる場合もないではないからです。こうしたことをも含んだ「傾聴」の能力を、是非とも子供達に育成していきたいものです。

話し合いは、お互いの「傾聴」を土台としたものでなくてはならないのです。話し合っている同士がお互い一方的に自分の言いたいことを発言しているだけでは、コミュニケーションそのものが成立しません。互いに自分の語りたいことをそのまま口にし合っているだけでは、互いの伝え合いは不可能なのです。「耳を傾けて聴く」ことによって相手の発言の内容や意図、その背景にある気持ちの動きを少しずつ分かっていかなければなりません。その上で、相手の関心や理解力等を念頭に置いて、そして相手に合う形で言葉を選んで、こちらから話したいことを話していくことが必要となるのです。「人を見て法を説け」と言われてきたように、話し合う相手のことを十分に前提とした上で言葉のやりとりをしなくてはならないのです。

「読み」の学びでは

「読む」ことの学びもまた、必須の重要性を持っています。文字文化との出会いは、「話す」「聴く」だけの言語活動と比べると、格段に高度なレベルの「言葉の力」の獲得を可能にしまとなります。それだけに、「読む」力を身につけていくためには、ステップを踏んだ学びが必要不可欠です。

日本語の場合なら、ひらがな、かたかな、漢字をきっちりと読めるというところから始まります。そして漢字かな交じり文の読みに進んでいくわけですが、ここで大事になるのが「範読」です。教師が子供に正しい読み方を読み聞かせることです。読めない漢字を好い加減に読んでいたり、文中の区切りを間違えて読んでいたり、文章そのもののリズムに気づかないままに読んでいたりすれば、一つの文章ときちんと出会うことは不可能になります。詩や短歌、俳句といった韻文ともなれば語句相互の呼応やリズムの味わいのことがありますから、なおさら「範読」が重要となるでしょう。

「範読」をモデルとし、繰り返し声に出して読む「音読」もまた大切になります。クラスで声を揃えて「音読」するという情景が以前の小学校では当たり前でしたが、いつのころからか静か過ぎる教室になってしまったところも見られます。隣の教室に迷惑にならないように、ということは理解できますが、「音読」が国語の授業において不可欠の要素であることを忘れてはならないでしょう。また「音読」を宿題として出すことも大切なことだろうと思います。

この上で、一つ一つの言葉の意味を、特にキーワードとなる大事な言葉の意味を、きっちり理解するよう指導しなければなりません。辞書を引いて意味を確かめる習慣をつけることも、小学校低学年から少しずつ始めた方がいいでしょう。また、特に大事な言葉（キーワード）についての学習は、どの教科の学習の場合でも同様ですが、念入りにその言葉（概念）の意味するところの核心（内包）と、その言葉を使っていい範囲（外延）について説明して理解させせなくてはなりません。この点で子供に「どう思う？」などと丸投げしていては、言葉のきちんとした意味を理解し、正しく使えるようにはなりません。言葉（概念）の指導は、教師の側にきちんとした理解があることが不可欠の前提となりますので、教材研究はことに念入りにやって頂きたいと思います。

そして、文章の意味を読み取るための学びとなります。この文章で何が言われているのかを読み取るため、文章全体を段落に分け、段落ごとに何が言われているか、各段落の組立てを通じてどのような意味世界ができあがっているのか、という読み取りの仕方が従来の国語教育において広く行われてきました。これは大事なアプローチですが、行間も含めた文章の全体で何が言われているかの読み取りの指導には、未だ工夫の余地があります。文章全体で結局のところ何について何がどう言われているのか、その理由なり根拠なりとして何が提示されているのか、ということです。こうした大局的なポイントを読み取ることをやっていかないと、「木を見て森を見ず」になってしまう恐れがあるのです。また、文章表現に含まれている言葉やフレーズの持つシンボリックな意味、メタファー的な意味が、全体的な読み取りに重要な色彩を持つことにも気づかせたいものです。

この上に「言葉の力」について最も重要な「書く」ことの学びがきます。このことについて次に考えてみることにしましょう。

2　書き表す力を

「確かな学力」の基盤となる「書く」力

基礎学力を育成するためには、「読む」力をつけることと並んで、「書く」力をつけていくことが大事になります。昔から「読み・書き・計算」と言われてきたのもこのためでしょう。興味深いことですが、「書く」力がついていくに従って、また「読む」力も育っていく、という相互関係があることも見落とすことはできません。

こうした認識をしっかり持っている学校では、どの教科の授業においても、ワークシートなどを使った「書く」活動を日常的にやらせています。また、各単元の終わりの頃に、そこでの学びを振り返っての文章を短くていいから書かせるという工夫も、そうした学校に広く見られるところです。さらには、作文やレポート、あるいは読書感想文などを書かせ、その内容や書き方について詳細に指導している学校もあります。

「書く」ことによって、拡散しがちな思いや考えを、整理された形でまとめてみることができます。そして、自分の感じたこと、理解したこと、疑問に思ったこと等を自分なりに点検して秩序立て、自分自身の目にはっきりと映るようにすることができます。また、そうした「書く」行為を繰り返し続けていくことによって、自分の認識や思考のあり方を理性的かつ合理的なものにしていくこともできるのです。

「書く」ことは、表現の大事な手段の一つであり、自分の意識世界にあるものを相手に的確に受け止めて貰うための伝達能力を育てる上で、重要な意義を持っています。さらにいえば、レトリックやメタファーを駆使した形で「書く」術（すべ）を身につけていくことができれば、正確で的確な伝達という域を超え、それを読む人の心に豊かなイメージを呼び起こし、強い感情を湧き起こすことができます。これによって、深いレベルでの心の交流を可能にすることもできるようになるでしょう。

だからこそ、「書く」活動を授業にどう組み入れるか、作文や読書感想文などを含め、一つのまとまった形で「書き上げる」課題をどこでどう与えていくか、一人一人の教師が十分に考えるべき大切な指導の課題となるのです。とりわけ、言語活動を通じた「言葉の力」の育成が、各教科・領域を通じて「確かな学力」を育む上での基盤となると強調される中で、こうした工夫は、学校現場で必ず考えていかねばならない最重要な課題の一つと言っていいでしょう。

しかしながら、現実には、小学6年生と中学3年生に悉皆調査の形で実施されている全国学力・学習状況調査の記述式問題の場合にも、他のさまざまな学力テストでの記述式問題の場合でも、全く何も書かれていない空白の解答が、少なくないのです。自分のその時その場での思い付きなり何なりを書くことさえしていない子供が、現実にはかなりいるのです。「書く」こと自体になじめない、「書く」行為になかなか取り掛かれない、ということなのでしょうか。「考える」ことと「書く」こととが分離してしまっているのでしょうか。

まず何よりも、「書く」行為を繰り返しやることが大切でしょう。そうすれば、少しずつ「書く」ことに慣れていって、「書く」ことに対しておっくうな感じを持たなくなるものです。「書く」ことで特別に構えたり重苦しい気持ちになったりすることがなくなり、気楽に書いてみることができるようになります。このためにも、先に触れたように、授業の中でワークシートなどをできるだけ毎時間準備して、その時その場で関心を持ったことをキーワード的に列挙させたり、自分の持った考えや感想を個条書きにまとめさせたり等々ということをやっていく必要があるのではないでしょうか。

それに加えて、単元末には、例えばＢ５版の紙（白紙でも罫紙でもいい）を配って、自由に「その単元で自分が特に面白いと思ったこと」「新たに気づいたり分かったりしたこと」「これからも調べたり勉強したりしてみたいと思うようになったこと」などを書かせるようにしたいものです。

ともかくも、「書く」という行為を、繰り返し、できるだけ数多くやらせることです。

「書く」ことに関する指導は

「書く」ことには、外から枠をはめると重荷になって、なかなか気軽に筆を走らせるわけにいかない、という面があります。だから基本的には、その子なりに自由にやらせるのがいいでしょう。しかしながら、「書く」ことが思考の質を向上させ、また書かれたものの内容的な質が向上するためには、いくつかの点での指導がどうしても必要になります。

まず第1は、書く前の内容的な準備についてです。何を書くかをまず考えてみることが大切でしょう。書くべき内容とその表現の仕方、キーワードなどについて予め考えて、メモ的に書き出してみることも必要になるのではないでしょうか。

第2には、どう構成するかについてです。何をどういう順序で並べたらいいか、事前にも、また書き始めてからも、考えてみなくてはなりません。短い文章なら個条書き的なものになってもいいのですが、その場合でも、どれを初めにし、その次は……、ということは考えてみるべきでしょう。少し長い文章なら、論拠となるものをどう書いておくか、その上に立っての論理をどう組み立てていくかを考えてみる必要があります。

第3には、書いたものを読み返してみることです。「自分は書いたものを全く読み返さない、できあがったものをそのまま素直に提出するだけである」と常に口にされる偉い方もおられます。そうした方を批判しようとは思いませんが、やはり読み返してみれば、普通なら気づく点がいろいろ出てくるはずです。誤字脱字もあるかもしれません。接続詞を少し考え直さないと筋が通りにくい、といったこともあるかもしれません。

とはいえ、書き方についての指導は、必要最小限にとどめるべきでしょう。気楽にまず筆をとって書き始める習慣がつくのが先決だからです。指導としては、多くの場合、「書いたものは後で読み返して、必要があれば少し手直ししてみようね」くらいに止めていいのではないでしょうか。

記述式問題が解ける力を

最後に、「記述式問題」で「書く」ということについても、少し触れておきたいと思います。「記述式問題」で無記入ということは、その子どもの学力構造が脆弱であることを意味しています。言葉や記号で叙述された一つの世界をどのように整理し、そこでの問題構造をどう浮き彫りにし、どう解いていくか、という根本的な力が身についていないままで、与えられた問題から決まりきった解答を導き出すだけでは本当の知性なり学力なりではありません。そうした問題を如実に示す事実が、無記入ということではないでしょうか。ＰＩＳＡ型学力ということで「思考力・問題解決力」が重視されている今日、無記入という問題は軽々に見過ごされていいものではありません。

「記述式問題」で正答が得られない場合について、そこでの学力のあり方を分析的に考えてみるなら、一般的に言って、次のような問題点が存在します。

(1) 問題文に含まれる大事な言葉や記号・図表等の中に意味の分からないものがある。［重要な用語・記号・図表等についての知識・理解の欠如］
(2) 問題文の全体的な意味が読み取れない。［文章の全体構造を把握する力の不足］
(3) 問題文の全体構造を簡潔に言葉でまとめたり、式の形で表現したりできない。［問題構造の定式化へと要約する力の不足］

(4)　問題として言葉や式で表現されているところを解くことができない。［問題を解く技法と能力の不足］

これらは、いずれもレベルの違う問題点です。この子が「記述式問題」できちんと答えられていない、あるいは無記入である、ということが、(1)～(4)のうちのどの問題点に関わってのことなのか、十分に吟味してみる必要があります。そうした理解の上に立って、その子が「記述式問題」できちんと答えることができるよう、個別に指導しなくてはならないでしょう。

そうした中で、例えばこれまでの算数・数学教育ではどうしても見落とされがちであった(2)と(3)の点については、特に考えてみたいものです。もちろん基本的には、どの教科の場合でも、こうした諸点についての指導を重視し、「記述式問題」がきちんと解けるようにしたいものです。このことは全般的な「書く力」を育成する上で、大切なポイントとなるのではないでしょうか。

3　直感と共感を超えた言語論理教育を

PISAショックの再来を踏まえて

ＯＥＣＤが２０１８年に実施したＰＩＳＡ国際比較調査で、また日本の子供達（15歳児）の「読解力」の得点が低い、という結果が示されました。主要国の中で15位と、前回２０１５年の時の8位からも下がっています。２００３年に実施された調査の結果が発表された時に「読解力」の得点が予想外に低く、「ＰＩＳＡショック」と呼ばれたこと、それによって当時の安逸に溺れた「ゆとり教育」の風潮に根本から衝撃を与え、「言葉の力」を土台とした「確かな学力」の育成への転換が全国的に起こったこと、等が思い起こさせられます。あの時期からの日本の教育界を挙げての取り組みが、残念ながら未だ十分な実を挙げていない、という事実を率直に反省すべきでしょう。もう一度新たな気持ちで「言葉の力」を土台とした「確かな学力」の育成に取り組む決意が、教育関係者の全てに必要ではないかと思われてなりません。

ＰＩＳＡの「読解力」の定義は、２０１８年調査では、「自らの目標を達成し、自らの知識と可能性を発達させ、社会に参加するために、テキストを理解し、利用し、評価し、熟考し、これに取り組むこと」とされています。これに基づき、(1)情報を探し出すことにかかわる設問、(2)情報の理解にかかわる設問、(3)情報の評価と熟考にかかわる設問、が準備されました。日本の子供達の成績が特に悪かったのが、(3)情報の評価と熟考にかかわる設問で、「どちらに賛成しますか」「適切ですか、適切でないですか」「その理由を説明してください」「原因は何だと思いますか」などが問われたものでした。

古代ギリシャ以来の文化伝統を持つ欧米の文化と、古代中国以来の儒教文化に立脚しながらも独自の展開を示してきた日本の伝統文化とでは、言葉というものの意義、その認識や思考にもたらす機能や様式の点で、大きな違いがあるように思われます。最も基本となる相違点は、「言葉を認識構造の構築とそれに基づく論理的操作のために働かせようとするか、それとも直感や共感に基づく直截な認識と情的コミュニケーションに用いようとするか」という点にあると言ってよいのではないでしょうか。「聞く」「話す」の場合でも「読む」「書く」の場合でも、欧米的には「誰が・何時・どこで・何を・何故に・どのように」といった5W1H的な構造的認識と、それを活用した論拠・論理の展開が大事にされます。英語での通常の会話の折にでさえ、「Why ～ Because」が多用されるのは象徴的でしょう。

日本における言語論理教育の弱さには、こうした文化的背景の違いも想定しておかなくてはなりません。いずれにせよ、日本の国語教育と大きく原理を異にする論理的な思考と対話の能力の育成が、古代ギリシャの修辞学を基礎とした欧米諸国の言語教育の基本的な在り方であることについて、もっと日本の教育関係者は理解を深めるべきではないでしょうか。私自身、若い頃からドイツやフランスを初め欧米諸国の母国語教育の授業を繰り返し見てきた経験から、このことを痛感しています。

もちろん、どちらが優れているかといった話ではありません。しかしながら、国境の壁を超えて人類社会が連携を強めるグローバル社会が進行している現代社会においては、日常使用している言語が日本語であろうと英語やスペイン語であろうと中国語であろうと、そうした言葉によって表現されるところ、またそうした表現の読み取りや聞き取り、さらにはそれぞれの言葉を用いた思考や判断の仕方にも、欧米の水準に劣らないものが求められざるを得ないのです。日本語を用いた伝統的な表現や読解・聞き取り、思考や判断の仕方には、他の文化的伝統には見られないほどの直感や共感の深さと豊かさといった美点がある、というのが私の見方ですが、今の時代、それはそれとして大事にしていきながら、これと同時に、言葉を論理的に使いこなすことによる構造的で機能的な認識と表現、受け取り、思考と判断、等々の力を育成していくことが求められるのではないでしょうか。

言語論理教育への注目と理解を

誰にも共通する意味理解を持って言葉が通用するためには、基本となる言葉の意味をしっかりと理解し、また発信できる能力を誰もが身につけなくてはなりません。語彙の豊富さと語義の的確な理解、言葉同士の文法的関係の理解が順次達成されていくような教育が必要とされるゆえんです。

さらに進んで、言葉を用いることによって事がらや状況を論理的に受け止めて自分自身の意識世界を整理して知的操作の土台とするだけでなく、そうした論理的構造を持つ形での認知的情報を交換し合い、共有財産としていく、という能力を身につけていかなければなりません。だからこそ、事がらや状況を5W1Hといった分析的視点を踏まえて的確に読み取り、表現や主張、問題提起等の背後にある根拠を明確にすると同時に、それらが導かれる道筋を根拠からはっきりさせる、といった読み取りと聞き取りの訓練がもっと行われなくてはなりません。そして、それを基礎として、論理的展開を根拠を明確にした形で表現できるようにならなくてはならないのです。

例えば、学習者がそのテキストから何をイメージし、何をどう読み取るか、どこでどう感じ共感するか、といった「読み手の空間」ばかりを念頭に置いた指導になってしまっては、自分なりの読み取りの大前提とされるべきテキスト全体の組み立てやモチーフ、それを支える論理構造、そして具体的な表現の仕方や基本的な用語を明確に認識させることが不充分になってしまいます。正確な形でテキストの読み取りをさせる、といった面での弱さ、つまり「テキストの空間」へのこだわりの弱さが我が国の従来の国語教育にあったのではないかとの反省が不可欠でしょう。

さらには、書き手がどういう思いや意図を込めてそのテキストを書き上げたのだろうか、という「書き手の空間」の想定に関しても、より一層の努力が必要です。テキストのどこの部分をどのような意味での根拠として書き手の思いや意図をこう読み解かざるを得ない、といった「書き手の空間」への確かな根拠を持つアプローチを強化することを、この辺りで厳しくやっておく必要があるでしょう。

言語力育成協力者会議の提言の再確認を

こうした言語論理教育の強化についての議論は、「PISAショック」直後の2006年6月にスタートし、2008・2009年の学習指導要領改訂のための教科横断的な「言葉の力」育成の在り方を論議するため、文部科学省に設置された「言語力育成協力者会議」で盛んに闘わされたことを思い起こさざるを得ません。私自身がこの協力者会議の座長を務め、甲斐睦朗(国語教育)、内田伸子(心理学)、秋田喜代美(幼児教育)、角屋重樹(理科教育)、三森ゆりか(言語技術)等々の諸氏がメンバーとして加わっていました。次の2017・2018年の学習指導要領改訂の際に教育課程課長として事務局を勤めた合田哲雄氏が、当時は教育課程企画室長としてこの協力者会議の事務方の責任者を務めたことも特記すべきことでしょう。

さまざまな議論を重ねた末、2007年8月16日付けの報告書に主要な提言がうたわれています。そして左記に示す諸点は、2008年3月告示の小学校・中学校学習指導要領、2009年3月告示の高等学校学習指導要領に、さらにはこの路線を引き継いだ2017年3月告示の小学校・中学校学習指導要領、2018年3月告示の高等学校学習指導要領に生かされているのです。

○国語科は言語力育成の中心的な役割を果たすべく、メタ言語活動の指導の充実など国語科自体の改善を図ることが必要である。
　例えば、小学校・中学校においては、言語の教育という立場から、実生活や実社会で必要な言語能力、各教科等の学習の基本となる言語能力、さらに言語文化に親しむ態度を確実に育成することが求められる。

　高等学校においては、加えて、社会人として必要な言語能力の基礎を確実に育成するとともに、言語文化を享受し自ら創造していく能力や態度を育成することを重視する必要がある。
○国語科で育成を図る言語力については、他教科等での活用も視野に入れ、基礎的・基本的な知識・技能を習得することと、それを活用して課題を探究することを重視すべきである。
○言語力を育成するため、「受け答えをする」「事実を正確に伝える」「要点をまとめる」「相手・目的・場面を考えて情報を理解したり伝えたりする」「多面的・多角的に物事を見る」「情報を的確に分析する」「自らの知識や経験に照らして情報を評価する」などの技能や能力を育成していくことが望まれる。このため、発達段階に応じて重点化を図りながら、適切な言語活動や言語運用法の指導を組み込んでいくことが望ましい。
○文章や資料を活用し、論理的に考え、表現する力を育成するためには、「情報の取り出し」→「解釈」→「熟考・評価」して論述するという、いわゆるＰＩＳＡ型読解力のプロセスを参考として指導することが期待される。
○伝え合う力を育成するため、相手の立場を考慮しながら双方向性のある言語活動をしたり、建設的な合意形成を目指した言語活動をしたりする技能を育成することが望ましい。
○我が国の文化や伝統を継承・発展させるため、近現代文学や古典をはじめとする言語文化に親しむ態度や、日常的に読書をしたり表現したりする言語生活を形成する態度を育成することが大切である。
○今日の情報化社会の中で、複数のメディアやテキスト等を活用して、メディアの特性も踏まえた情報評価能力を育成することが期待される。

言語力育成協力者会議の以上のような提言について、もう一度ポイントを再確認しながら、これからの国語教育の充実を、さらには基礎学力全体の一層の育成を図っていきたいものです。

4　概念・根拠・論理へのこだわりを

人が学んでいく基盤となるのが言葉です。多くの知識を持った人から言葉の形で整理された情報を説いて貰うことによって、また本などの形で既に言語化され整理され蓄積された情報を頼りにしつつ、きわめて多くのことを学んでいきます。しかしそれだけではありません。自分の見聞したこと体験したことも、自分なりに言語化し整理していかないと、その見聞なり体験なりから十分な形で学ぶことはできません。また他の人の見聞や体験から学ぶ場合も、その人の用いている言葉について共感的な理解ができないならば、その人の語るところを自分の学びにしていくことはできません。このため「言葉の力」を身につけることが、人間の場合、あらゆる学びの基盤として必須の重要性を持つのです。

こうした「言葉の力」の育成は、学校では主として国語の時間に行われます。しかしこれまで、日本の国語の教育では、概念と論理をきちんと扱うという「言葉の力」の第一義的な面の育成に関して必ずしも十分でなかったのでは、という批判と反省があります。

言葉やフレーズ、さらには文章全体の持つ連想の広がり＝「豊かなふくらみを持つ意味空間」、それらが個々人の意識や感情にもたらすイメージや感動や情感は非常に大切なものです。しかし、そればかりに目がいくと、周囲の現実や私達自身の内面世界の的確な表現と相互伝達のための確かさや厳密さの面がないがしろにされてしまいます。

日本語によるコミュニケーションや思考には、元々2種類のものがあることを確認しておくことが必要でしょう。例えば、日本語によるコミュニケーションには「表の意味＝論理的なもの」と「裏の意味＝〝察し〟とか〝付度〟を通じて把握するもの」がある、とよく言われてきました。そして、婉曲で断片的な情報から何かを推察して行動する、といったコミュニケーションの仕方（裏の意味）についてよく分かっていなくては、日本社会では人との交際が微妙なところでおかしくならざるをえない、ということが強調されてきました。確かにその通りです。

論理的思考を支える「言葉の力」に力を入れたい

しかしながら、欧米の国語教育（母国語教育）が、概念や論理、それを踏まえた論理的思考の力の育成といった「表の意味」を中心とした「言葉の力」を重視してきたことを考えてみるにつけ、日本の国語教育は、どうしてもこの点での反省と改善への取り組みをもっと課題意識として持たなくては、と考えさせられます。誰にも共通する意味理解を持って言葉が通用するためには、基本となる言葉の意味をしっかりと理解し、5W1Hを意識し、主張の背後にある根拠を明確にすると同時に、結論と根拠との関係をはっきりさせる等々といった訓練が、もっと行われるべきではないでしょうか。

本当はそうした学習に適した教材を準備すべきなのですが、国語教育で多用されている物語や小説などの文学教材を用いるとしても、もっとテキストそのものにこだわらせることが必要ではないか、と思われてなりません。学習者がそのテキストから何をイメージするか、何をどう読み取るか、どこでどう感じ共感するか、といった「読み手の空間」ばかりを念頭に置いた指導になっていたことはないでしょうか。本来は、自分なりの読み取りの大前提とされなくてはならないテキスト全体の組み立てやモチーフ、それを支える論理構造、そして具体的な表現の仕方や基本的な用語を明確に認識させることが必要であるはずです。的確な形でテキストの読み取りをさせる、といった面での弱さ、つまり「テキストの空間」へのこだわりの弱さが、従来はどこかにあったのではないでしょうか。さらには、書き手がどのような思いや意図を込めてそのテキストを書き上げたのか、という「書き手の空間」にこだわるにしても、単にそこでいろいろと推測してみるだけに終わってしまっていたように思われます。テキストのどこの部分をどのような意味での根拠として書き手の思いや意図をこう読み解かざるを得ない、といった「書き手の空間」への確かな根拠を持つアプローチが弱かったのではないでしょうか。

語義・根拠・5W1Hにこだわっての指導

こうした反省を基にして、国語教育において特に重点的にこだわって指導していくべき点を考えてみるなら、少なくとも次の3点となるのではないでしょうか。

(1) 正しい語義の理解

テキストの読み取りや聞き取り、言い表しや書き表しの中で大事な要素となる言葉（単語や句）の意味について、きちんと調べて正しい理解に努めること。

「辞書引き学習」という形でこの点を授業の中で重視している学校もあり、私も何度か参観させて貰いました。意味の分からない言葉や言い回しについて辞書を引くのは当然のこととして、自分で意味が分かっていると思っている言葉や言い回しについても、文章の中で大事な位置を占めているなと思ったら、確認のため辞書を引いてみる、という方法です。また学級の話し合いの中で、大事な言葉や言い回しについて、自分の理解するところを出し合って皆で確認していく、といったやり方も重要でしょう。

(2) 根拠の明確化

何らかの結論的なことを読み取ったり聞き取ったりする際に、また自分の主張を言い表したり書き表したりする際に、その結論や主張を支える根拠となるものにこだわり、その結論や主張が導き出されてくる土台と筋道をはっきりさせること。

これは小学校の低学年から、自分の意見を言う時にはまず結論を述べ、続いて必ず「そのわけは……」という形で根拠を述べさせる、という訓練をしている学校が少なからず見られます。こうした習慣づけは、自分が何かを書き表す時にも生きてくるでしょうし、さらには何かの文章を読んだり他人の話を聞いている時でも、そこで主張されたり結論づけられたりしていることが何を根拠としているのか、それは適切妥当なことなのか、と自問自答してみる習慣をつけていくことになるでしょう。こうした習慣が身についていけば、「正解」的な結論だけをそれだけで受け入れて振り回す、といった上っ面の学びに陥ることもなくなるでしょうし、相手に分かって貰おうという意識を欠いたまま一方的に自分の主張を押し出していく、といった独り善がりの姿勢も見られなくなるでしょう。

(3)　5W1H（いつ・どこで・誰が・何を・何故・どのように）へのこだわり

読み取りや聞き取りの際にも、言い表しや書き表しの際にも、1語文的で単刀直入の理解や表現にならないように注意し、確かな根拠からの推測も含め、5W1Hにわたる広い意味空間の中での理解や表現となるよう常に気を配っていくこと。

子供や若者の間で、「やばっ！」とか「可愛い！」等々といった単純化した言葉がよく用いられています。スマホの普及に伴って、こうした単純表現の多用がどんどん進んでいる感があります。こうした単純化された言葉を用いるだけでは、自分の感情の直接的な表出と、その単純で直截な受け止め、という域に留り、広く確かな意味空間を表現することも理解することも到底不可能です。読み取りや聞き取り、書き表しや言い表しのいずれの場合でも、結論や主張の基礎に5W1Hにわたる文脈理解がほしいものです。もちろん5W1Hの全てが表現されることは少ないわけですから、与えられた素材から確かな根拠を持って推測することも必要となるでしょう。こうした力をつけていくためには常に5W1Hにこだわり、それを読み取っていこうという努力が必要ですし、繰り返しそうした訓練をすることが不可欠です。

たとえば私が理事長を務める仙台の聖ウルスラ学院英智小中学校では、絵本を見せて5W1

Hを分析的に読み取る等といった授業がよく行われています。具体的には、

(1) 絵本を見て、描かれている絵や掲げられている言葉を手掛かりとして、そこでの物語を、時・場所・状況などを考えながら、また登場人物の様子や心情などに留意して、自分なりに読み取る、そして作者が工夫している点についても考えてみる

(2) 絵本から読み取ったことを、根拠を明らかにしながら他の人に対して話す

(3) 絵本から読み取ったことを、文章の形で表現する

といった活動です。さらには、こうした活動を基盤に、作文の場合でも論理的な骨格のはっきりした文章が書けるように、という指導が行われています。

これからの国語授業の中に、ここに挙げた3点くらいは、何らかの形で是非取り入れていって頂きたいと思うのですが、如何でしょうか。

「裏の意味」を読み取る「言葉の力」も大切ですが、言葉本来の「表の意味」での伝達や思考の「言葉の力」が、個人にも、そして社会全体にも、もっと必要とされるのではないでしょうか。

政界や官界のスキャンダルをめぐって、要人の口から次々と発せられる欺瞞的で無責任な言辞の数々に接する時にも、このことを痛感させられざるをえません。

5　真のアクティブ・ラーニングを

教育の指導理念としてのアクティブ・ラーニング

アクティブ・ラーニングという言葉が、現今の日本教育界を駆け巡っている感があります。一種の流行現象という感があるほどで、残念なことに間違った独りよがりの解説や主張、そして的はずれの先導的試行なるものも横行しています。このため、本当に大事なポイントが見えなくなっているのでは、という危惧があります。

２００８・２００９年改訂の学習指導要領は、私自身が中央教育審議会教育課程部会長としてとりまとめの任に当たりましたが、「つめこみ」か「ゆとり」かといった不毛な論議を乗り越え、「言葉の力」を土台とした「確かな学力」を育成し、知的理性的基盤に立った「生きる力」（「我々の世界」＝世の中だけでなく、「我の世界」＝自分自身の人生をもきちんと生きる力）を一人一人の子供に着実に実現しよう、という考え方を基本理念にしていました。

２０１７・２０１８年改訂の新しい学習指導要領についても私自身、中央教育審議会での議論に加わりましたが、基本理念は前回の改訂に引き続きのものになっています。進展著しい知識基盤社会の動きに対応し、各教科等の教育内容がより一層高度なものになりましたが、やはり「言葉の力」「確かな学力」「生きる力」がキーコンセプトになっています。そして、それら全てを底支えするものとしてアクティブ・ラーニングの理念が、「主体的」「対話的」「深い学び」という具体的な表現で強調されているのです。

アクティブ・ラーニングという言葉は、元々は1990年頃からアメリカの大学で、大学進学率の大幅な上昇による大学大衆化に対応するため、従来の講義・演習の在り方をもっと学生が主体的能動的に参加するものに改革しようということで言われたものです。文部科学省の解説（『新たな未来を築くための大学教育の質的転換に向けて［2012年8月28日答申］』の用語集）では、アクティブ・ラーニングについて次のように言われています。

教員による一方向的な講義形式の教育とは異なり、学修者の能動的な学修への参加を取り入れた教授・学習法の総称。学修者が能動的に学修することによって、認知的、倫理的、社会的能力、教養、知識、経験を含めた汎用的能力の育成を図る。発見学習、問題解決学習、体験学習、調査学習等が含まれるが、教室内でのグループ・ディスカッション、ディベート、グループ・ワーク等も有効なアクティブ・ラーニングの方法である。

このように、アクティブ・ラーニングとは、学習者を受身のままにさせないことであり、教師が一方的に語り続けたり、活動の指示を出し続けたりする指導のあり方から脱却することです。ここで目指されているのは、学習者の思考を活性化し、具体的な課題解決に対して積極的に取り組んでいく主体性能動性を実現することです。これは、言われたままにやるのではなく、自分ごととして（自我関与して）課題に取り組み、考えていくこと、と言ってもいいでしょう。

このためには、指導する側として、課題意識の喚起のさせ方、多様な発想・アプローチへの目の開かせ方、粘り強い取り組みへの支援、課題解決の結論の検討や再吟味の促し、等々といった働きかけが不可欠となります。具体的にはＰＢＬ（プロジェクト・ベイスド・ラーニング）(注1)といった学習活動や、自主協同学習などといった学習形態も考えられるでしょうし、ＫＪ法(注2)を取り入れた学習展開についても考えてみるべきではないでしょうか。

今後のアクティブ・ラーニングの大前提となる3つのポイント

文部科学省や中央教育審議会で論議されてきたアクティブ・ラーニングは、新しい学習指導要領の下で一層主体的能動的な学習を推進させようというものですから、アクティブ・ラーニングと呼べるものなら何でもいい、というわけにいきません。学校でこれから一層推進していくべきアクティブ・ラーニングについては、大前提として以下の３つの主要なポイントが存在することに十分な注意が必要となるでしょう。

(1)　アクティブ・ラーニングの強調は、例えば「協同的な探究活動」といった一つの学習の型を普及するということでなく、学校でのあらゆる学習活動を主体的能動的なものにするという志向性を表現するものです。学校では「習得」「活用」「探究」のいずれをも重視しなくてはなりませんが、「活用」や「探究」を強調する場合でも、当然のことながら、その土台として「習得」が必ず位置づけられていなくてはなりません。したがって、アクティブ・ラーニングを真に実現していくためには、各教科等の基本性格を踏まえて、多様な学習活動が、そして教師の側からの多様な働きかけや指導が、必要不可欠となります。

(2) アクティブはあるけれどラーニングがない、ということにならないよう十分な注意が必要となります。学習の在り方を主体的能動的なものにすることは、それによってディープ・ラーニング（深い学び＝事象の相互関連的理解とそれに基づく問題解決力の獲得）が実現し、主体的能動的な思考力や問題解決力が育成される、という結果が伴わなくてはならないのです。言い換えるならば、アクティブ・ラーニングによって、例えばキー・コンピテンシーという概念で表現されるＰＩＳＡ型学力が実現される、ということでなくては意味がないのです。

(3) アクティブな学習とは、学習者が活発に動いているといった見た目の活動形態の問題でなく、学習に対する心理的な取り組み方、精神的な基本姿勢の問題です。これは「他人ごと」でなく「自分ごと」として学ぶということであり、学習者が自分自身の中に内的必然性を持って学ぶということです。これは、「やらなくてはならないから」「やると得になるから」といった義務感や損得勘定からでなく、自分自身にとって「面白いから」「大事だから」「やりがいがあるから」といった自我関与的な内発的動機づけによる学びを実現することと言ってもよいでしょう。

現代社会に必須の社会的装置である「学校」の重圧の軽減を

こうした意味でのアクティブ・ラーニングが特に強調されざるを得ないのは、どこの国でも全ての子供が何年もの間必ず学校に通い、定められたカリキュラムの下で高度な学習を余儀なくされる現代社会的な事情があるからです。子供が成人して社会のきちんとした一員となるためには、学校という社会的装置において、その社会から期待される知的身体的道徳的な発達課題をきちんと身につけていかなくてはなりませんが、その発達課題が時代の進展と共に急激に増大し高度化していっているのです。知識基盤社会と呼ばれる現代社会においては、子供達に期待されている発達課題の内容が質量共に莫大なものになっていることは、改めて指摘するまでもないでしょう。

ちなみに、発達課題という概念は教育社会学者のハヴィガーストが1940年代から1950年代にかけて提唱したものです。そこには当時のアメリカ社会（特に中産階級の人達）が持っていた子供達の発達に対する暗黙の期待が反映していました。当時の発達課題の内容を現代の我が国における発達課題のリストとも言える経済産業省の「社会人基礎力」や国立教育政策研究所の「21世紀型能力」として挙げられているところと比較してみるだけでも、往時の発達課題の牧歌性に比べて現代のそれがいかに複雑高度なものになっているか容易に理解されるでしょう。実は学習指導要領そのものが現代日本社会における発達課題の詳細なリストを表現している、と言ってもいいのです。

その時代に即した発達課題を全ての子供にマスターさせるという基本使命を持つわけですから、学校で子供達に課されている学習は、ややもすると他律的な性格を持つことになります。学校では子供が自分の欲することを欲するままにやっていくわけにいかないのです。だからこそ、子供の側からの主体的能動的な学習が実現するような特段の工夫と努力が学校の側に求められるわけですし、現代社会では特にそうした面での精力的な取り組みが不可欠となっているのです。

子供達にアクティブ・ラーニングを実現するための努力は、学校にとって万古不易の大課題であるだけでなく、現代社会において特に強調されるべき現下の必須の課題でもあります。アクティブ・ラーニングと呼ぶべき基本性格を持った教育活動にしていく、という姿勢の基盤にある万古不易の課題性という面と、現下の必須の課題であるという面との双方を、教育界に関わる者は十分に理解し、積極的にその推進に取り組んでいきたいものです。

注

1　ＰＢＬは、学習者が自ら問題を見つけたり設定したりし、それに自力で取り組んで解決していく、といった活動を中心とした学習方法。課題解決型学習と呼ばれることもある。１９９０年代初頭のアメリカで、ジョン・デューイ（１８５９～１９５２）の提唱などに基づいて拡まったもの。

2　ＫＪ法は川喜田二郎（１９２０～２００９）によって、文化人類学的フィールドワークを通じて得られた多面的で大量のデータをまとめ上げ、そこから新たな発想を得るために提唱された方法。断片的なデータの一つ一つをカードに記載し、そのカード群を何段階にもわたって仲間分けし、大きな紙の上に構造的に貼りつけ、図解的に理解を進めていく、というもの。１９７０～１９８０年代、各地の小学校から大学まで、教育活動の中にも取り入れられた。

6 対話から自己内対話に

話し合い＝対話、ではない

これからの学校教育では「主体的・対話的で深い学び」（アクティブ・ラーニング）を推進すべきである、と強調されています。これは何らかの授業の「型」や学習方式をどの授業にも適用する、ということではありません。教科や単元の基本性格や学年ごとの心身発達の特性を踏まえ、習得か活用か探究か等といった教育目標に対応する形で、アクティブ・ラーニングが実現するよう教授・学習の在り方を工夫すべき、ということです。

「主体的で、対話的で、深い学び」という3つの視点は、いずれも大切なものですが、最も誤解や曲解の多いのが「対話的」ということではないでしょうか。

国立教育政策研究所の資料「学習指導要領を理解するためのヒント」では、「子供同士の協働、教職員や地域の人との対話、先哲の考え方を手掛かりに考えること等を通じ、自己の考えを広げ深める『対話的な学び』」と表現されています。そして、文部科学省「新しい学習指導要領等が目指す姿」では、「身に付けた知識や技能を定着させるとともに、物事の多面的で深い理解に至るためには、多様な表現を通じて、教師と子供や、子供同士が対話し、それによって思考を広げ深めていくことが求められる」と言われています。

こうした説明で言われている「多様な表現に触れることによって思考を広げ深める」ことを目指す「対話的な学習」を実現していくためには、「対話」ということの原理的な地点に立ち返りながら、実現していくべき教授・学習の具体的な在り方について理解を深めていくことが不可欠ではないでしょうか。

授業の中に「話し合い」活動を積極的に取り入れようとする学校がよくあります。しかしながら、「話し合い」がそのまま「対話」になるわけではありません。

例えば「隣の席の人と少し話し合ってご覧！」と教師が指示したとしましょう。これは、子供達が自分の思いや考えを言葉化してみるためのよい機会になります。また、他の人の思いや考えを知ることで、自分のと同じであっても違っていても何か役に立つ点があるでしょう。しかしながら、子供達同士が盛んに話し合っているとしても、各自が自分の頭に浮かんだことを口にし合っているだけでは、本当の「話し合い」にはなりませんし、ましてや「対話」とは言えないのです。「対話」は、複数の話者が交互に発言すれば成立するというものでなく、一方の発言が相手の内面世界に浸透していって何らかの揺らぎなり変容なりをもたらし、そうした中からもう一方の発言が出てきて最初の発言者の内面世界にまた浸透していって揺らぎなり変容なりをもたらす、といった相互の内面世界同士の絡み合いが生じなくてはならないのです。「話し合い」といっても、お互い好きなことを口にしているだけの「相互の独語」でしかないこともあります。また、お互い相手に自分の見方考え方を押し出し、一方的な理解を求める「相互の自己主張」でしかないこともあるのです。

一人一人は自らの感覚や経験想起や自己内対話等によって自分自身の独立した内面世界を作り上げています。そして一人一人が、自分の住んでいる世界（＝内面世界）は全ての人に共有されている普遍の世界であると思い込んでいます。我々は共通の単一の世界の中で、誰もがそれを共有し、それを前提とした言動をしている、と仮定して生きているのです。しかし、こうした仮定を取っ払ってしまえば、私に与えられている世界の外に、全く別の独自固有な世界を、その場にいる人それぞれが持っていることを想定してみることができるはずです。こうした想定に立って、場を共にしている者が相互に自らの世界について情報を発信し、同時に各自が相手の発信するところを虚心坦懐に受け止めて共通の土台と筋道となりうるものを探し求め、それとの関わりで自らの世界の情報を相互にまた返していく、これが結局のところ「対話」ということではないでしょうか。相互に独立した独自固有の世界の間にコミュニケーションの橋を架けていく努力、これこそがまさに「対話」なのです。

このように考えてくるならば、「対話」が成立するためには、少なくとも次の3つの基本条件が不可欠となることが理解されるでしょう。

(1)　自分自身の見方や考え方を、自分自身の実感・納得・本音に基づき、ある程度まできちんと整えた上で発言する（その場の思いつき的発言を避ける）。

(2)　相手の見方や考え方に十分に耳を傾け、すぐに同調迎合したり反発批判したりしないで、自分自身の見方や考え方と違うところ同じところについて考えてみる。

(3)　自他の間にある違いを多面的に吟味検討し、相互の対立が乗り越えられるような新しい視点を互いの努力によって見つけ出すように努める（「正・反・合」という弁証法的過程の実現を目指す）。

「産婆術」的な「対話」で「自己内対話」の推進を

こうした「対話」は他者との間だけでなく、自分自身との間でも大切なものとなります。「自己内対話」こそ「考える」ことにほかならないのです。

「自己内対話」が真に実りあるものとなるためには、当然のことながら、その前提となる他者との「対話」のあり方が大事な意味を持ちます。他者に対して自分の視点や価値観を押しつけ、相手の言い分に耳を貸さないような対応しかできないなら、自分自身の内面で「対話」しようとしても、結局は自分に都合の良い一面的な論理のみを紡ぎ出していくような独善的思考しかできないことになるでしょう。

ソクラテス(注1)の言う「産婆術」は、学習者と「対話」する中で、適切な「問い」を出し、それへの回答に即してまた新たな「問い」を出すという形で、真実の認識へと導くという教育法でした。そこでは、「問い」によって学習者を自己矛盾に陥らせ、自分が知っていると思っていたことを結局は本当には知っていなかったのだ、という自覚（無知の知）に導くことが大切だとされています。優れた指導者との「対話」によって自己欺瞞と独善から抜け出させていくわけですが、こうした質の高い「対話」を経験するなら、自分自身との「対話」の場合にも、同様の効果が期待されるのではないでしょうか。

現代社会には、子供の世界に至るまで独善と自己満足が横行し、狭い自分の世界に閉じこもって安逸を愛しがち、という状況が見られます。だからこそ、「対話」を通じた「自己内対話」の基本的在り方の変革が重要な意義を持つのです。この意味で、教室で「対話」を行う場合でも、ソクラテスの「産婆術」は示唆に富むのではないでしょうか。

教師は、学習者の意欲をそぐことのないように留意しつつも、相手の考え方の中に潜む矛盾や無根拠の思いこみ、自分に都合の良い理屈の付け方等に対して「問い」の形で切り込んでいかなければなりません。子供同士の「対話」の場合も、相手の感情に配慮した表現をするよう工夫しながら、互いに相手の考え方に潜む問題点を指摘し合うことを繰り返し練習させたいものです。

実りある自問・自答の習慣づけを

こうした土台を形成しつつ、「自己内対話」そのものを習慣化することが、何よりもまず必要となります。コトに触れモノに触れて自問し、それに対して自答する習慣を日常生活の中に持つことです。自問自答が習慣になっていないならば、十分に「考える」ことがないまま短絡的で反射的な言動を常とする「刺激・反応」型人間になってしまいます。

こうした場合、すぐに結論に飛びつかない、という姿勢を堅持することが大切ではないでしょうか。自問自答を重ねるまでもなく何らかの結論めいたものが頭に浮かぶことも少なくありません。しかし、それをすぐに自分の結論としてしまうのでなく、「待てよ待てよ」と自分自身に言い聞かせながら、しばらくは「判断中止」の状態を保っていくことです。そうした中で、「これでいいのだろうか」「別の見方・考え方はないのだろうか」という問い直しを進めることもできるのではないでしょうか。

また、自問自答に際しては、自分自身の「実感・納得・本音」を大事な基盤にしなくてはなりません。自分の実感に照らして、「これで本当に自分にピンとくるのか」「この考え方で本当に自分が落ち着くのか」を常に問うてみなくてはなりません。「皆がこの考え方をしているから」「この考え方なら他の人に喜んで受け入れてもらえるから」といった同調的迎合的な結論づけにならないよう、自分の本当の「納得」を求め、自分の「本音」を大事にした自問自答をするよう努めなくてはならないのです。

自問自答の過程を豊かなものにするために、具体的な人物との「対話」場面を想定してみることも有効でしょう。「誰々さんだったら、こういう考え方についてどう言うだろうか」「この考え方を私が主張したなら、誰々さんはどういう批判なり反論なりをするだろうか」といった想定をし、それに対する自答をいろいろと準備してみるのです。さまざまな「対話」場面を経験してきたことが、ここで直接的な意味で役立つのではないでしょうか。自分と異質な感覚・発想・こだわり・論理の立て方等々を、「対話」経験を土台としつつ自問自答の過程に持ち込み、多岐多様な展開を考えてみることが大切なのです。

「対話」的な学習の重視が、是非ともこうした形で、「自己内対話」の促進と深化に結実していって欲しいものです。これによって「思考を広め深める」ことも、本当の意味で実現していくのではないでしょうか。

こうした「自己内対話」の促進と深化こそが「深い学び」をもたらす、ということもまた念頭に置きたいと思います。

注

1　ソクラテス（紀元前470または469～紀元前399）は、古代ギリシャの哲学者。弟子のプラトン等が彼の言行や思想を伝える。

7　開示悟入の授業を

授業をどう組み立てるか

教科書とノートではなく、電子教科書やパソコン、そして各種学習ソフトを駆使してのＩＴ授業が求められる時代となりました。下手をすると教師は、各種指導書などから指示されるまま新しい学習機器の操作手順を忠実になぞっていくだけの存在になってしまいます。教育者であるなら自分の構想で指導の展開過程を考え、それに役立つよう資料を準備し、発問・指示を工夫しなくてはならないはずです。しかし、そうしたことを一切抜きにして、受け身的な役割しかしないままの教師になってしまいます。教師としての責任を持ってカリキュラム・マネジメントを、ということもできなくなってしまうでしょう。

先日も若い教師の方々とそうした話をしていたら、主体的能動的に教師が学習指導をしていくためには何よりもまず「授業づくり」ということになりました。そして、ＩＴ授業の時代にも通じる学習単元の組み立て方が話題となりました。そうした中で若い方々の中から、以前に聞いたことがあるけれども「開示悟入」ということを少し解説してくれないかとのリクエストで、以下のような基本的な点を話させて貰いました。

ここで言う［開示悟入］とは、単元の学習指導の過程を［開く］［示す］［悟らしむ］［入らしむ］に分節化して組み立てる、という考え方です。元々は法華経の方便品（ほうべんぼん）にある言葉ですが、これを私は1980年代初頭、教育評価研究協議会を立ち上げた頃から、学習単元の指導過程の組み立て方として提唱し、実践研究の試みを積み重ねてきました（注1）。

学校のカリキュラムは、人類の蓄積してきた文化を次世代の子供達に引き渡す、という基本的使命を持っていますから、最終的に何をどう理解し、どのような問題が解けるようになればいいか、が決まっている場合が大半です。しかし時にはゴール・フリーで、銘々持ちの独自な学習を成立させよう、という活動を入れることもあります。［開示悟入］は基本的には前者に相応しいものであり、ゴール・フリー的な学習分野については、その応用として［耕求表創］という組み立て方を提唱してきました。

学習単元の基本性格が違えば、その組み立て方は違ってきます。したがって、まず最初に判断しなくてはならないのは、そこでの学習を何か定まったものの「理解・活用」を目指すものと考えるのか、ゴール・フリー的な「探究・開発」を目指すものと考えるのか、という点になります。教育内容の基本となるところは、各教科の背景にある学問体系によって、結局のところ何をどう理解し、それをどう活用できたらいいか、という着地点が明確に決まっている領域が大半です。学習者の方では、途中で色々と想像力を駆使したり、思いついたことを試したりすることになるでしょうが、最終的には知識体系として成立しているところや、それに関連した知的な規則等を理解しなくてはなりません。そして、そうした理解を土台に、それが活用できるところまで行かなくてはなりません。これに対して、創造性の開発などを目指し、生活科や総合的な学習の時間、理科・社会の一部などに、自由に探究して、自分なりに何かを開発することを目標とする、ゴール・フリーの教育分野が設定されているのです。

この問題と関連して、教師主導で行くべきか、学習者中心でいくべきかにこだわる方もいますが、この問題については、単純に二分法で考えないことが肝心です。教師主導の場面も必要だし、子ども中心の場面も必要です。その組み合わせが授業の具体の在り方となるのです。

「理解・活用」単元での【開】【示】【悟】【入】

教科学習の多くは、基本的には、教科学習の背後にある学問的な体系を子供達に習得させ、活用できるまでに持っていくものです。こうした基本を十分に意識した上で、子供の側の自由な発想や模索、探究を大事にしていくことになります。このために「開示悟入」という分節化を念頭に置き、教授・学習活動を構想するわけです。

【開】（カイ　ひらく）

最初は、学習課題の世界そのものを学習者に向けて開き、その課題へと向かう学習者の心を開いていく場面になります。「導入の工夫」という言葉が使われてきたりもしました。どういう話題から入っていけばいいのか。どういう資料を、どういうふうに子どもにぶつけていけばいいのか。試行的な活動として何をどうしたらいいのか、子どもが「えっ」「あっ」と驚くような発問をどう準備しておくのか。具体的には、こうしたことを考え、工夫しなくてはなりません。一つの学習単元の全体に対して興味や関心を持たせ、単元全体を貫く見通しや問題意識を持ち、自分なりに理解し、活用していこう、という意欲を持つところを目指して、[開]という場面の工夫をするわけです。

[示]（ジ　しめす）

その学習課題について、内容的に大事な事項は何なのか。どのように考えていけばいいのか。どういう根拠を基にどう考えていけばいいのか。こうしたことを順を追って教えていく場面です。ここでは、最終的に理解して貰うべき知的体系について十分な理解をしておくと同時に、どういう誤解が生じやすいか、どこで理解困難になるのか、等々といった「学習の裏の構造」についても詳しく知っておかなくてはなりません。また、学習者の年齢段階や背景となる経験についても十分に配慮し、どういう筋道で、何に対するこだわりを持って説いていけば、興味をかき立て、容易に理解できる筋道をたどらせることができるかについても、よくよく考えておかなくてはならないでしょう。

[悟]（ゴ　さとらしむる）

「腹に落ちて分かる」ことが最終的には大切になります。このためには、自分の「実感」「納得」「本音」に根ざした学習にならなくてはなりません。自分なりにアプローチしていく、自立解決していくことが大切になります。そのための場をどう準備してやるか、ということになります。

［入］（ニュウ　いらしむる）

学んだことマスターしたことが日常生活の中でも生きて使えるようになってほしいものです。さらには、学んだことを土台に新たな何かに挑戦してみる、というふうになってほしいものです。広い意味での活用です。こうした方向に向けての指導を教師はどのようにやっていくか、という工夫をしなくてはならないのです。

［開示悟入］で行く場合、教師主導の［開］［示］、子供中心の［悟］、教師主導と子供中心の相まったところの［入］ということになります。これを1単元の、例えば15時間の中でうまく組み合わせていかなければなりません。例えば1時間目は［開］を中心にしていく、2～3時間めは［示］、次に［悟］に行き、また［示］があって［悟］があり、［示］があって［悟］があり……最後の時間は［入］となる、といった具合です。学年や教科によっていろいろな組み合わせ方があるでしょうが、全体の流れが初めから終りまで一貫して続いていく、ということになってほしいものです。

「探究・開発」単元での［耕］［求］［表］［創］

生活科の一部や総合的な学習の時間などでのゴール・フリー的活動の場合には、必ずしも既にできあがった知的な体系や文化遺産が背景にあるわけではありません。子供自身が自分でその時その場で思いついた活動を自由に展開していけばいいわけです。そうした、子供の自由な追究、探究の場面を構成していくためには［耕求表創］という分節化が望ましい、と私は考えてきました。この分節化は、［開示悟入］の応用篇、といった性格を持っています。

［耕］（コウ　たがやす）

一人一人自分なりの追求・探究をしていくための準備として、何らかの予備的な活動をしたり、参考になりそうな資料を沢山揃えておいたり、興味関心を広げていくような話をしてあげたり、といった活動が大事になります。これらは全て「耕し」です。子供の心を耕し、意欲を耕し、思いつきを促進していくわけです。そうした耕しの中で、こういうことをどうしてもやってみたい、といった課題意識ができてくればしめたものです。

［求］（キュウ　もとめる）

子供自身の側から、これをやってみよう、あれも試してみよう、といった追究、探究の活動が始まることになります。この［求］の段階になると、子供中心の場面となります。教師の側では、これをどう支援していくかを考えることになります。

［表］（ヒョウ　あらわす）

次は、自分なりに追求、探究してきたものを、どうまとめ、表現するかになります。これが［表］の段階ということになります。自分が追究・探究したことを、自分自身にもまとまった形でよく分かるように、そして他の人達にもよく分かってもらえるように、まとめあげる工夫をする場面です。表現の仕方、まとめの仕方を考えなければなりません。ここでは、教師の指導も必要となることもあるでしょう。

［創］（ソウ　つくる）

最後は［創］です。一つの作品なり報告なりの形に作りあげる。それを受け止めてくれる人達の理解や反応のことも考えながら、自分が得心するような作品なり報告なりを最終的に仕上げていく、といった場面となります。

こうした分節化の考え方を土台としながら、［開示悟入］と［耕求表創］の双方の組み立て方を頭に置きつつ単元レベルで授業の組み立てを考えていかなければならないのです。1時間1時間が「導入・展開・まとめ」になっていればいい、という本時中心主義では本当の教育にならないことを忘れてはならないでしょう。

ＩＴ授業の時代になっても、こうした授業の組み立てを是非念頭に置きたいものです。

注

1　詳しくは、梶田叡一『人間教育のために――人間としての成長・成熟（Human Growth）を目指して』（金子書房、２０１６）の第8章「『開』『示』『悟』『入』の教育思想とその実践化」を参照。

第Ⅳ部

聖ウルスラ学院理事長就任10周年の会で（2012年7月）

1　真の道徳性を

真の道徳教育を実現していきたい

自己規律の基準となる価値観なり道徳性なりを身につけていくことは、なかなか大変な課題です。特にわが国の場合、１９４５年8月の太平洋戦争の敗戦以来ずっと、そして現在においてもなお、このことが重苦しい課題となっています。

儒教道徳を基盤とした教育勅語が廃され、江戸時代に確立され明治維新後も大事にされてきた伝統的な規範意識に基づく「修身」が悪罵を浴びて捨て去られてから、それに替わるきちんとした精神性・道徳性の原理が未だに確立されないままで来ているのです。もちろん、現代社会では人々の価値観の多様化を大前提とし、最終的には個々人が自らの価値観を自らの責任において選び取り実践していかなくてはなりません。しかしながら、価値観の多様化ということは、「好きなことを好きな時に好きなようにやる」という放恣放埒（ほうしほうらつ）の全面肯定とは全く違うことのはずです。

例えば、和やかな社会的雰囲気の中で、互いに他の人の気持ちを思いやりつつ協力協調し、法令秩序を大切にした社会生活をすると共に、一人一人が充実した自己実現に向けて自分の人生に責任を持っていく真の共生社会を実現していきたいといった点においては、誰もが異論なく一致するのではないでしょうか。これを実現していくためには、当然のことながら、小さな子供の頃から、そうしたことの重要性に気づき、自己や他人や社会や世界に関する感性を培い、それを基に常に自省自戒して自己の向上に努める習慣を養わなければならないでしょう。

このことは、結局のところ、〈我々の世界〉を生きる力と〈我の世界〉を生きる力の双方を身につけさせることに他なりません。〈我々の世界〉とは世の中であり世間です。具体的には、一人一人がどのように他の人と手を結び合い、社会人としてどう役割を果たしていくか、ということです。これに対して〈我の世界〉とは、その人自身が持つ独自固有の世界であり、その人の人生の内実、のことです。具体的には、一人一人が自分自身とどのように対話し、どのように自分自身を支え、励まし、統制していくか、であり、何をもって自分自身に意味感を与え、充実させていくか、ではないでしょうか。

「道徳」とは何か

「道徳」は特別なものではありません。人間が本当に人間になっていくための大本（おおもと）となる意識や行動の在り方を「道徳」と言っているわけです。

まず1つは、まわりが見えるようになって、まわりとの関係で自分を律することができることです。これは「ＴＰＯ」で動けるようになること、と言ってもいいでしょう。まわりを何も見ないで猪突猛進していくようでは、人間として失格です。好きなものは好き、嫌いなものは嫌い、欲しいものは欲しい、やりたいことはやりたい、ということでは、世の中では生きていけません。

「まわりとの関係で」とは、どういう状況に自分がおかれているか、自分の在り方に何が期待されているか、というT（時）P（場所）O（場合）がわかることです。そして、TPOとの関係で他の人は自分をどのように見るだろうか、考えることでもあります。まずは、まわりとの関係で自分を律することが必要なのです。このことが、〈我々の世界〉（世間・社会）を生きていくことの基本となるのです。

もう1つは、内面の価値観に基づいて自分を律することです。「価値原則」を持ち、これを基盤に動けるようになることです。何が美しい、何が醜い、何が素晴らしい、何が人間的に嫌なこと、というような価値の感覚が内面に育っていかなければなりません。まわりとの絡み合いだけでなくて、自分自身の内側にある美意識や正義の感覚、つまり自分の内面の秩序感覚との関係でものを考え、動くようにならなくてはならないのです。まさに〈我の世界〉（自分自身のもつ独自固有の世界）を土台に生きることです。

この2つが、人間が本当に人間になっていくために不可欠なことです。これを組織的にやっていこうというのが道徳教育ではないでしょうか。ですから、道徳教育は一部の人が言う規範意識の問題として考えるだけでは不十分なのです。規範意識も大事ですが、これは「まわりとの関係で」ということの一部分にしか過ぎません。TPOが分かるとか、世の中で何が良いことで何が悪いこととされているかが分かるとか、あるいは先生には、親には、友だちにはどのように接すればいいかが分かることは規範意識でしょう。しかし、気を遣う、気が利くなどは自主的なものです。必ずしも規範意識ではありませんが、「まわりとの関係で」ということからだけ考えても「道徳」の中で大事な部分です。

規範意識という形だけで道徳教育を語るのは極めて矮小化された考え方です。道徳教育は、単に社会的ルールを守れるかどうかではなく、人間が本当に人間になっていく上で必要不可欠な気持ちの動きの拠り所を形成していくことなのです。

道徳教育の基本として考えておくこと

道徳教育にあたって考えておかねばならないことの1つは、発達段階をふまえることです。例えば、内面の美意識や正義の感覚は小さいころからありますが、小学校の中学年、高学年になってから本当にその意味が分かってくると言っていいでしょう。では、小学校低学年やそれ以前では何が大事かというと、まわりとの関係、TPOが分かることです。ですから「まず挨拶をしましょう」とか、「わがままを言わないようにしましょう」ということから始まります。また、良いこと悪いことの判断も、やったことの結果から考えます（結果道徳）が、小学校高学年以降になると、わざとやったのかどうかという動機を問題にするようになります（動機道徳）。さらに中学生、高校生になると、やった結果について当人がどう考えているか（反省）といったことまで判断基準に入ってきます。したがって、道徳教育のアプローチの仕方は、小学校の低学年、中学年、高学年で、さらには中学生や高校生で異なったものになることに注意しなくてはなりません。

もう1つは、発達の過程で〈我々の世界〉と〈我の世界〉の比重が異なってくることを考えておくことです。思春期になると〈我の世界〉に関わることの重要性が増していきます。〈我々の世界〉との関係は、それまでに、小さい時からやっていなければいけません。本人がよく分からなくても、「躾（しつけ）」をしないといけないのです。道徳の目指すべきところは、本人が本当に納得してやるようになることですが、そこに至るプロセスの中では、きちんと行動が取れるよう外部から指導していくことも大事です。

裁縫（さいほう）で布の形を整えるために糸で仮縫いをして、仕付け糸で形を整えることがあります。これは外側から形を整えるということで、「躾」のもともとの意味です。「本人が分かるようになったらそうさせます」と言う人もいますが、それでは「躾」と言えません。子供が小さい時ほど「躾」が大事です。でも「躾」だからと言って、むやみやたらに叩いたり、きつく言い過ぎて心に傷を残したりすることがあってはいけません。やり方には工夫が必要です。例えば、何か良いことを誉めてあげる中で、「だけど、もう少し挨拶ができるようになるともっと良いよね」という「躾」の仕方があります。どういうやり方をするにしても、「躾」は外側からのものであることを忘れてはなりません。

直接的に「人の道」を説くことも

　道徳的に大事な価値について、そのままでは子供にピンと来ないことがあります。どうやったらピンと来るのか、あるいは自分で「そうしなくては」という前向きな気持ちにどうしたらなるのか、この工夫をしないといけないのです。このために教科書や副読本を使って道徳的価値を考える学習をすることも大切でしょう。主人公はこういう場面でどうすべきなのか、自分だったらどうするだろうか、子供たちに考えさせてみることも効果的でしょう。

　また、子供の日常的な体験を思い起こさせ、話し合わせ、それとの関連づけを図ることも考えなくてはいけないでしょう。子供達に何らかの体験をさせた上で、話し合って道徳性を養うことも考えられていいでしょう。

　しかしながら、教師の側から直接的に教えていく、といった活動も忘れてはなりません。教師は、「これは人間として美しいことか醜いことか」「これは真っ当なことかどうか」といったことを、折に触れ子供達に話していくことが必要ではないでしょうか。小学校低学年では「相手が嫌がることはやってはいけない」ということから入って、「相手の身になって考えよう」といった共感的理解ができるところまで教えていきたいものです。また上の学年になれば、「こういうことは人間として許されない」、あるいは「人間として恥ずかしいこと」という、より一般的な、人間なら誰にも当てはまるものとしての倫理道徳を教えていくことが必要でしょう。

価値観の多様化ということを言い立てて、教師としての責任から逃げてはならないと思うのですが、如何でしょうか。

2　残酷さと優しさと

子供の〝残酷さ〟

小さな子供が、トンボの羽根をむしっていることがあります。アリを捕まえて一匹一匹丹念に潰していることもありました。最近は見かけなくなりましたが、以前は、カエルをつかまえて麦藁をお尻に突っ込み、空気を吹き込んでパンパンに膨らます、という遊びが子供達の間で広く見られたものです。ひどい例では、幼稚園や学校に忍び込んで、飼育されているウサギやニワトリを次々に殺していた、という子供達の例もありました。猫や犬の死骸が、首を切られたり足を切られたりした無惨な姿で公園に捨てられていたとの報道も、時々見られます。

こういうことをやる子供の姿を見たりすると、大人の方では、「何て残酷なことを！」と言いたくなるでしょう。しかし、そうした行為を行っている子供自身には、「自分が残酷なことを行っている」という意識は全くないのが普通です。だから「残酷な！」と言われてもけげんな顔をして大人を見つめるだけではないでしょうか。そうすると大人の方では、よけいに腹立たしくなって、「面白半分に生き物をいじめたり殺したりしたらいけません！」と強い声で叱りたくなるでしょう。

しかし、ここで大人の口にしている「面白半分に……」という言葉は、子供にとって必ずしもピンとくるものではありません。当然のことながら、子供は「面白い」からそういうことをやっているのです。いいかげんな気持ちではなく、それなりに真剣でもあるのです。だから、大人からそんな風に言われたからといって、トンボの羽根むしりやアリさん潰しが残酷なことなんだ、という実感を持つことは難しいでしょう。

神戸で1997年に起きた小学生殺害事件の加害者、当時の中学生A少年も、丘の上まで連れ込んだ顔見知りの小学生の首に手を回して殺害している時、「残酷」という意識が頭のどこかにチラッと浮かんだでしょうか。死亡した被害者の頭部を切り落とす作業をしている時、それを「残酷」なことと意識していたでしょうか。学校の正門に切り離された頭部を置き、その口に「さあゲームの始まりです」で始まる警察への挑戦の言葉を記した紙片をくわえさせた時には、どうだったでしょうか。「普通の人ならやらない異常なことを、自分は今やっている」ということでの興奮状態はあったでしょうが、「自分が残酷な行為を行っている」という意識は、全くなかったのではないでしょうか。彼は18年後の2015年6月に出版した元少年A『絶歌――神戸連続児童殺傷事件』（太田出版）でも、その辺りのことは全く語っていません。

外的な意味付けとしての〝残酷〟

「残酷」というのは、外的な印象です。外部の目による意味づけです。ある行為を実際にやっている人の意識の中には、通常それは存在していないと言ってよいでしょう。もし「残酷なことを今自分は行っているのだ」という意識がそこにあるとすれば、それは、外的な印象なり外部の目なりを自分の中に取り入れて内面化し、自分が今ここで行っている行為をそれによって意味づけているからでしょう。「こんなことを今自分はやっているけれど、これを誰かが見たら、きっと〝残酷！〟と言うに違いない」ということです。

「残酷」ということが外的な印象なり外部の目なりに関わるものであるとすると、社会や文化のあり方によって、ある行為が残酷とされるかどうかに微妙な違いが出てくるのはやむを得ないでしょう。共有の〈我々の世界〉の中で、互いに意味づけの眼差しを交わしあっているのが社会ですし、そこでの暗黙の標準を準備しているのが文化です。捕鯨が残酷な行為であるかどうかをめぐって、欧米諸国と日本などとの間に激しい論戦があったのは周知のことです。死刑が残酷な行為であるかどうかについても、白熱した論議が各国でまだ続けられているところです。そして「クジラが殺されるのは残酷だ」と涙を流す人たちの食卓の上に、牛や豚の肉の料理が並んでいたり、七面鳥がそのままの姿で焼かれた御馳走が並んでいたりするのです。さらには、そういう「心優しい人」も、休日には釣りを楽しんでいるかもしれないのです。

そうした微妙さはあるにせよ、ある種の行為が普遍的なタブーとして、社会的に抑制されてきたこともまた事実です。「人を殺してはいけない」「人を苦しめてはいけない」などはその典型的な例です。また、仏教思想の広がっている国では「生き物全ての生命を人間の生命と同じように大事にしよう」「生きとし生けるものが幸せになるように心がけよう」という発想なり感覚なりが当然視されています。こうしたタブーを侵犯し、あるいはそれに背反する行為が「残酷」であるとされるのは、改めて言うまでもありません。

〝残酷〟な行為をなくしていく2つの水準での方法

このように考えてくるならば、「残酷」と言われるような行為をなくしていくためにとられるべき方策も、また明らかになるでしょう。そこには基本的に2つの水準でのアプローチがあるはずです。

まず第1は、「何が残酷なことなのか、それはどうしてなのか」を教えることです。外部の目を一人一人に内面化させることであり、「残酷」だとされるのはどういう理由からなのか、という社会文化的な意味づけを学ばせることです。例えば、「トンボの羽根を取ったり、アリさんをつぶしたりしたら、トンボやアリさんは〝痛い、痛い〟〝苦しい、苦しい〟と思うはずだよ、可哀想でしょう？　何の罪もない生き物を苦しめて喜ぶのは〝残酷〟ということなんだよ、とても悪いことなんだよ」といったことを教えてやることです。そしてそれを、自分自身の考え方として内面化するところまで考えさせることです。

第2としては、「他の人や生き物を悲しませたり苦しめたりすることは自分の喜びにならない」、もっと言えば「他の人や生き物の幸せな姿に接することこそ自分の喜びになる」といった感覚を育てることです。これは、基本的な感じ方や発想の仕方を変えていくことによって、結果として、「残酷」という印象を与えるような行為とは無縁になるよう教育していこう、というものです。具体的には、羽根のとれたトンボを見たり、つぶれたアリの死骸を見たりしたら、心が痛んでしかたなくなることでしょうし、人が涙を流していたり、苦しんでいたりしたら、とても平気ではいられなくなることでしょう。まして、自分がトンボやアリに危害を加えたり、人を悲しませたり苦しめたりすることなど、考えるだけでもおぞましい、という感覚になることです。こういうことは言葉を通じて直接的に教え込むわけにいきません。当人自身の活動を通じ、視聴を通じ、体験を通じ、実感として何かをつかませることになるでしょう。

“優しさ”ということ

「残酷」とは反対の意味を持つ「優しさ」についても、ほぼ同様の形で考えることができるのではないでしょうか。

「私は今、この虫さんに対して、このウサギさんに対して、あるいはこの人に対して、優しい行為を行っている」という意識はなかなか持ちにくいでしょう。もしもそういう意識を持ちつつ何かの行為を行うとするなら、それは多くの場合、自意識過剰でしかありません。「優しさ」も当人自身が意識しているというより、やはり外的な印象に関わるもの、外部の目による意味づけに関わるもの、という面が強いのです。

したがって、「優しさ」を身につけていくためにも、先の「残酷」な行為をしなくなるようになる場合と同様、2つの水準があることになります。1つは、どのような行為が「優しい」ものであるのか、それはどのような理由によってそう言えるのか、を学ばせることでしょう。

そしてもう1つは、「優しさ」を自然に体現してしまうような基本感覚、思いやりや共感性の感覚、を育てていくことです。

このように考えてくると、「残酷」にしても「優しさ」にしても、見かけだけの判断がいかに危険であるか、外的な意味づけの水準だけに頼っていたのではいかにあやふやなものになるか、が見えてくるのではないでしょうか。もちろん、社会文化的な水準での意味づけは大事にしなくてはなりません。しかし結局は、相手のことを自分のことのように感じる感性にしても、相手の迷惑や喜びを如実に感じ取る感受性にしても、内面世界の深まりに関わる問題なのです。子どもの内面世界が本当に耕されて、自己と周囲の世界との基本的関係について自己中心的な前提が軽減、あるいは消滅していかなくてはならないのではないでしょうか。

とはいえ、「誰でもいいから人を殺してみたかった」という若者が連続して出現する昨今です。精神の正常と異常、多くの人の通常の在り方とごく少数者の特異な在り方、といった視点をも十分に念頭に置きながら、「残酷」ということを、そして「優しさ」ということを、根本に立ち返って繰り返し繰り返し考えていきたいものです。

3　生命(いのち)の重さの実感を

生命(いのち)の実感の希薄化

小さな子供を無残に殺してしまう凶悪な犯罪が報じられています。さらには、小学生や中学生や高校生が人を殺す、といった悲惨な事件も起きたりしました。生命の重さを些かも顧みない悲しむべき事態です。

現代の日本社会は、子供が成人していく上での環境条件に大きな問題を持つのでは、と多くの人が感じているのではないでしょうか。「普通の」子供達の育ちの姿に種々の歪みが現れているのです。親や教師など子供の成長発達を援助するはずの人達の姿勢や在り方にも大きな問題があるのでは、という不安もないわけではありません。幕末明治の開国と急激な欧米文化の流入、そして太平洋戦争の敗戦と占領、という近現代の日本社会の歩みの中にも、現代日本人の精神構造に基本的な脆弱性をもたらしているものが潜んでいるのでは、という不安があります。

まず直接的に問題とすべきは、生命そのものについての実感が、子供にも、そして大人にも、薄くなっていることです。

根本的には、生活環境の都市化と生活上必要な情報の間接化の中で、現代人の「自己家畜化現象」（文化的環境に適合するよう心身の進化を枠付けられること）が急速に進んでいることが大きな影を落としています。子供が生育していく過程で、自然のままの草花や虫や小動物との触れ合いがほとんどなくなっています。そして、空腹感や喉の渇きに耐えながら遊んだり、山や川で泥だらけになって走り回ったり、友達の中で喧嘩し合いながらも一緒に何かをやったり、等々といった直接的な体験が乏しくなっています。その代わりに、テレビやゲームの映像に代表されるバーチャルな環境に囲まれて時間を過ごすことが多くなっています。まさに、ブーアスティン（注1）がかつてマスコミの現代人への大きな影響について指摘した「幻影の時代」に他なりません。

また、核家族化が進み、さらには出産も死去も病院で子供の目から隔離された形で行われることが普通になっています。多くの子供は、自分の生活環境の中で生命が誕生することも、時間の経過と共に老いていき終（つい）には死という形で一つの生命が消滅することも、十分に体験しないまま成人していきます。このため、生命についてのトータルイメージが多くの現代日本人に実感として形成されないままになっています。このことはまた、表だって活動している元気な若者や壮年の人達だけで社会が構成されているという錯覚を生み、社会の表層から隠されがちな年老いた人や病んでいる人等のことに思いが至らない、という状況をも生んでいるのではないでしょうか。

こうした事情によって、自分自身の生命について、また他の人の生命について、さらには生きとし生けるものの生命について、現代人の多くには現実的な実感が形成されないままになっています。鳩や猫などを虐待し、その無惨な死骸を校庭や公園に晒しておくといった事件の頻発も、子供の生命に迫る危険性と同根のものです。また、いったん死んでもまた何かのきっかけで生き返るだろう、というリセット可能なイメージを生命について持っている子供が少なくないという現実(注2)も、基本的には同根のものでしょう。

自己愛的全能感

現代の子供に常態となっている自己中心的心性は、特有な自尊意識を生み出しています。「自我肥大」とか「自己全能感」と呼ばれるものです。これは端的に言えば、「自己愛的全能感」です。

自分勝手で、人の気持ちに無感覚で、何につけても自分の気の済むようにやりたがり、それが叶わぬ場合には腹を立て、攻撃的な言動に出る、といったあり方です。そして、そうした気持ちの土台となっているのは、自己中心的な心情を基盤とした（自己愛を支える自他共有の事実や実績等を欠いた）仮想的自己愛とでも呼ぶべきものです。自分のことだけに関心を持ち、自分のことだけを話したがり、自分という存在に他の人達も関心を持ってくれるのが当然と考え、自分のことで他の人達も喜んでほしい、という無邪気さに溢れたものです。こうした自己愛は、無条件の絶対的なものであって、他人の現実のまなざしや思いと無関係の、その意味で自己の客観視を欠いた自己肯定であり、自己有能感であると言ってよいでしょう。

こうした仮想的自己愛を土台として自己中心的な認識を組み立て、それを基にして他の人達と付き合うことになるわけですが、そこではいつも自己の独自性なり優越性なりが仮定されており、他の人から無視されたり軽く見られたりすることには我慢できません。すぐにキレるだけでなく、自分がキレることを正当視する（「自分がここで怒鳴るのは当たり前だ！」）ことも、そうした暗黙の自尊意識の在り方からすれば当然のことです。こうした仮想的自己愛は現実的な根を欠くものであるため脆弱であり、暗黙のうちに失敗や挫折を恐れることになります。また、人との付き合いにおいても、批判されたり叱られたりする場は避けようとし、常に誉められ、評価される場を求めることになります。さらには、積極的に自己の強さを自分自身に実証するため、自分より弱いと思われる人をいじめたりすることにもなります。こうした自己愛的全能感に立つ場合、社会的な弱者とされる人に対しては侮蔑的なまなざしを向けたり、攻撃的な態度をとったりすることにもなります。

実際に、年下の子としか遊べないまま育った若者が、幼い子どもを付け回し、思うようにならないと簡単にその子を殺してしまう、といった事件が発生しています。また同級生の中で弱そうな子に対していじめを繰り返し、終には自殺に追い込んでしまうという事件もあります。さらには、ホームレスの人達を遊び感覚で襲撃し、思いがけず反撃されると腹を立てて何度でも襲撃して終には死に至らしめてしまうという事件も見られます。これはまさに自己愛的全能感の如実な現れと見てよいでしょう。

「子供中心」という陥穽

敗戦後の日本社会においては、子供達にこうした自己愛的全能感を育成し強化する方向で、マスコミも研究者もキャンペーンを繰り広げ続けてきたのではないでしょうか。「叱ってはいけない、誉めて誉めて誉めて育てよう！」といったスローガンは、もう今では耳にタコになっています。「子供に失敗させないように、挫折させないように」というキャンペーンは、最近では「子供に失敗や挫折でトラウマ（心理的外傷）を持たせることのないように」と表現が強化されています。文部省や各地の教育委員会が、そして新聞やテレビ等が１９９０年代に繰り広げた「ゆとり教育」のキャンペーンも、現実には「子供にできるだけ気楽な思いをさせる」ことを目標とするものになってしまい、後に２００１年の初頭、当時の小野元之文部科学事務次官が都道府県教育長協議会での講話で、反省を込めて述べたように、「子供の自主性・自発性を尊重するという名目の下に指導の放棄が見られる」ものになってしまったのです。

子供自身の側からの発想は大切ですし、教育にとって不可欠な重要性を持ちます。その意味で、教育は「子供中心」でなくてはなりません。しかしそのことは、子供がやりたいことをやりたいようにやらせることとは全く違うはずです。親や教師として責任感を持ちながら時には子供に厳しく自分自身を見つめさせること、自分の好き勝手を許さない自己規律を持たせること、自分の掲げた目標に向かって努力させること、そして失敗や挫折を乗り越えて前進していくたくましさを身につけさせること等々がなくては、子供を自己愛的全能感から脱却させ、現実感覚の中で真の自立性を持つようにさせることは不可能なのです。

我が国で最初の体系的教育論と言われる『和俗童子訓』において、江戸時代の著名な儒学者・貝原益軒(注3)は、「子の好きこのむ事々に心をつけて、えらびて、好みにまかすべからず」と述べています。子供が易き方、悪しき方に向かうことを恐れてのことです。また「愚かなる人は、子を育つる道をしらで、つねに子を驕(おご)らしめ気随(きまま)なるを戒めざる故、その驕り年の長ずるに従いていよいよ増す」とも言います。「子供を信じて全面的に任せよう!」といった主張がいかに薄っぺらなものであるか、いかに子供の独善と仮想的自己愛を育てるだけのものになりがちであるか、よくよく考えてみたいものです。

ここで述べてきた点を踏まえ、生命を実感する機会を数多く設けること、自己愛的全能感を払拭する手だてを講じること、を今後十分に考えていきたいものです。自他の生命について、さらには生命一般について、経験的基盤を持った理解を深めていくためには、この2つの課題との取り組みが必要不可欠のように思われてなりません。また、生命についての実感を深める様々な経験をすることによって、自己全能感が根拠を失い、現実的で着実な自尊意識に転化していく、といった相互関連性も期待されないではありません。今後こうした点について真剣に考え、取り組んでいきたいものです。

注

1 ダニエル・ジョセフ・ブーアスティン(1914~2004)は、アメリカの作家・歴史家。シカゴ大学教授を長年勤めた。ベストセラーとなった1962年の著作の訳本が、ダニエル・J・ブーアスティン『幻影の時代――マスコミが製造する事実』（後藤和彦・星野郁美訳）東京創元社、1964。

2　梶田叡一『〈いのち〉の教育のために――生命存在の理解を踏まえた真の自覚と共生を』金子書房、2018、の第3章を参照。

3　貝原益軒（1630～1714）は福岡藩士。藩内で朱子学を講じ、朝鮮通信使への対応も。晩年は著述に専念し、『養生訓』も著す。

4 生命（いのち）の教育の主要課題

子供を巻き込む殺人事件が絶えません。そして子供自身が自殺するという悲しいニュースに接することも少なくありません。かけがえのない自他の〈いのち〉が、文化文明の進んだ今日の日本社会で、こんなにも粗末にされていいのだろうか、と悲憤慷慨したくなります。何とか、日本社会に生きる一人一人の実感・納得・本音の世界で、自他の〈いのち〉の貴重さが大前提になってほしいものです。そして、自他の〈いのち〉とその働きとを互いに尊重し合う真の共生社会を作っていきたいものです。

そうした思いを今こそ新たにし、あらゆる場を活用して、〈いのち〉についての認識を深め、自他の〈いのち〉を無条件に大切にする姿勢態度を涵養していく取り組みを強化していくべきではないでしょうか。

〈いのち〉の教育の主要課題

〈いのち〉に関する教育課題として、新しい教育基本法（平成18年12月22日公布）においては、教育の5つの目標の第4として次の文言が置かれています。蛇足ながら、旧の教育基本法

（昭和22年3月31日公布）には、「生命」といった言葉はどこにも見られませんが……。

○生命を尊び、自然を大切にし、環境の保全に寄与する態度を養うこと

学校教育法（平成19年6月27日一部改正）においても、義務教育の10個の目標の第2として次のように述べられています。

○学校内外における自然体験活動を促進し、生命及び自然を尊重する精神並びに環境の保全に寄与する態度を養うこと

こうした公的宣言を尊重しつつ、実際の教育活動の中で〈いのち〉の問題をどう取り扱っていくかについては、多様な展開の仕方が考えられるでしょう。そうした中で、少なくとも次の3つのレベルでの〈いのち〉の教育を、教師や親など関係者の十分な理解を基に展開していって欲しいものです。これらは当然、学校における授業の場だけでなく、学校生活の全ての場において、更には家庭や地域における教育活動において、関係者の念頭に置いてほしい課題です。

(1)〈いのち〉を粗末に考えたり軽率に扱ったりしないようになってほしい

まず第1のレベルは、〈いのち〉を粗末にする悲しむべき風潮が現代日本社会に存在することを直視し、その是正のためにこそ〈いのち〉の教育を、ということです。

〈いのち〉を粗末に扱っている典型的な事例は、自殺であり殺人であり、また妊娠中絶です。これらが日本社会では毎日、軽視できぬほど数多く生じているのが現実です。そして、そうした悲しい結末に導かれがちな「不幸」の事象もまた、生活のさまざまな面で広範に存在しています。さらには人々の間の厭がらせ、いじめ、虐待等々人間関係の歪みから来る問題が、

こうした「不幸」と裏腹の関係で存在しています。子供のうちから、〈いのち〉のかけがえのなさを理解し、自他の生命を尊重する精神を養わねばならないのは、このためでもあります。生命倫理と、それに基づく人権思想の学びも、このための重要な基盤を提供してくれるだろうと思います。

(2) 人の基本的存在様式として〈いのち〉を理解するようになってほしい

第2のレベルは、人として最も本質的な認識に関わる課題として〈いのち〉の教育を考えるものです。これは簡単に言えば、人が生きるということ、その意味での〈いのち〉という現象について、理解を深めることです。そして、それを基盤として自分自身の生き方の基本を考えていくことでもあります。

仏教・キリスト教・イスラム教などにおいて古来強調されてきた生命観と、現代の最先端を行く生命科学の諸領域で解明されてきたところとが、その重要な基盤を提供してくれるのではないでしょうか。ここで特に重要なのは、〈いのち〉を相互依存的なものとして見るという水平的な（横に拡がった）視座であり、また世代を繋げて連綿として続いていくものとして〈いのち〉を見るという垂直的な（縦の連続性を持つ）視座です。

具体的には、食物連鎖という形で各種の〈いのち〉が生存していること、その中で人間も他の動植物の〈いのち〉を毎日食べ続けることによって生存していることとの認識は、水平的な視座からのものです。また、我々一人一人が父母から生まれ、その父母はまたそれぞれの父母から生まれ、という形で歴代の先祖からの連綿とした〈いのち〉の連鎖の中で私自身が存在することは垂直的な視座からの認識ということになるでしょう。

一つの〈いのち〉といえども他の〈いのち〉から切り離され孤立したものではありません。こうした水平と垂直の2つの視座をきちんとした形で持つことによって、一人一人の生き方もまた堅実な基盤を持つものになっていくのではないでしょうか。

(3)〈いのち〉の基本認識を踏まえて未来の社会文化の望ましい在り方を考える姿勢を持つようになってほしい

第3のレベルは、もっと長い広い視野に立って、言い換えるなら教育の未来形成的機能に関わって、〈いのち〉の教育を考えることです。つまり〈いのち〉の教育を通じて、我々はもっと高次で人間的な人類社会を創っていかねばならないのです。

目指すべき社会の姿とは、〈いのち〉を慈しみ、〈いのち〉の尊厳を踏まえ、それぞれの〈いのち〉の最大限の開花発現を重視する、真の「共生社会」「自己実現社会」ではないでしょうか。このための認識と価値観を、一人一人の実感・納得・本音に根差した形で形成していくことこそ、〈いのち〉の教育がもたらす重要な未来形成的機能であり、またその実践に当たる者の堅持すべき基本思想ではないか、と思われてなりません。

一人一人が独自固有の生き方をすることを原則とし、互いにそれを認め合い、支え合い、それによって社会全体が豊かな多様性を持ちながら調和していく、といった在り方をする「共生社会」の実現を目指し、またこれと同時に、一人一人が自分自身に潜む独自固有の可能性を信じ、それが限りなく実現していくよう努力し、各人のそうした努力を互いに認め合い支援し合う「自己実現社会」を目指して、努力していきたいものです。真に「生命の尊厳」を存立基盤とする社会文化の在り方とは、まさにそうした意味での「共生社会」「自己実現社会」ではないでしょうか。

〈いのち〉の認識を深めていくために

こうした3つのレベルでの〈いのち〉の教育は、以下に列挙する具体的レベルでの課題との取り組みを通じて展開していくことが考えられるのではないでしょうか。

A　私達の周りの〈いのち〉を見つめ直したい

○［〈いのち〉の海の中での私］の自覚⇓花も木も草も、犬も猫も、牛や豚や鶏も、蝶もトンボもてんとう虫も、蠅や蚊やゴキブリも、そして私達人間も。

○［誰もが同じように〈いのち〉を生きる］ことの気づき⇓私もあなたも、あの犬この猫も、この一本の草一輪の花も、個体として、不可逆的な始まりと終りを持つ、独自固有の〈いのち〉を生きている。

○［個々の〈いのち〉は種としての〈いのち〉の一部をなす］ことの自覚⇓協力共同して個々の〈いのち〉を維持し、生殖によって自己複製的にそれを増殖し、種の維持を図る。

B　個々の〈いのち〉との出会いと別れを見つめたい

○［花や草木の栽培、魚や虫や小動物の飼育］を通じての気づき⇓発芽や誕生による新たな〈いのち〉の出現と、枯死や死亡による一つの〈いのち〉の終りへの立ち会い。

○［自分の家や親戚の家などでの出生と死去］を見つめての気づき⇓身の回りの人間世界における赤ちゃんの誕生、老人等の死去。

C
〈いのち〉との基本的付き合い方を考えたい

○［食物連鎖の中で生きる］ことの自覚⇓他の〈いのち〉を摂取しなくては生存が不可能という多くの〈いのち〉の基本構造への気づき。私達も米や野菜や肉や……を摂取し続けて生存することの自覚（↑せめて無駄が無いように、そして感謝の念を）。

○［生命倫理の問題］へのこだわり⇓人工妊娠中絶、臓器移植、安楽死（延命治療）、死刑……の問題にこだわって考え続けたい。

○［共生社会］への実践⇓私達の住む地球は、多種多様な種からなる〈いのち〉の共同体、日々絶滅していく種もあることに思いを致し、自分にできる身近な事から共生への努力を。とりわけ他の人を〈いのち〉として世話すること、病いや怪我等で困っている人に救いの手を差しのべることを。

D
〈いのち〉としての自分自身についての理解と自覚を深めたい

○かけがえの無い〈いのち〉を与えられて誕生し成長・発展してきた〈私〉の自覚を。
○いずれは個体としての〈いのち〉を終え死滅していく〈私〉の自覚を。
○次の世代の〈いのち〉を生み出し、育てる可能性を持つ〈私〉の自覚を。

こうした課題を念頭に置いた教育実践を、全国津々浦々まで広げていきたいものです。それによって一人一人が真に人間的な幸福を生きることができ、またそれを互いに支え合い保障し合う社会を創っていきたいものです。宮沢賢治が、全ての生命存在が究極的に幸せになるためにとして、「世界がぜんたい幸福にならないうちは個人の幸福はあり得ない」「自我の意識は個人から集団社会宇宙と次第に進化する」「この方向は古い聖者の踏みまた教へた道ではないか」と述べた（『農民芸術概論綱要』）ところを、深く味わってみたいと思います。

5　開かれた宗教教育を

身近な宗教的習俗・伝統の尊重を

近所に住む若夫婦（私の孫娘夫婦）の赤ちゃんが生後1月余りとなり、パパの御両親と若夫婦と揃って地域の産土神（うぶすながみ）を祭る神社に「お宮参り」に行ってきました。ご祈祷をして貰い、男の子だからだそうですが「大」という字を額に描いてもらい、記念写真を撮って帰ってきました。この赤ちゃんは私にとっては初の曾孫になります。子供の健やかな成長を祈る日本の伝統的な宗教文化に触れた感がします。パパの実家で大事に着せて貰った紋付きの着物を羽織らせた赤ちゃんを囲んで若夫婦と祖父母が並び立つ記念写真を見せて貰い、感動的でもありました。

次の月には、この赤ちゃんを若夫婦がママの両親と一緒にママの所属する近くのカトリック教会に連れていき、洗礼を受けることになっています。ママは5代目か6代目のカトリックなので、若夫婦で話し合って赤ちゃんにも洗礼を、ということになったそうです。ちなみにパパの方の家系は仏教徒とのことでしたが、パパは仏教のことはほとんど知らないままとのこと。そのうちに私からも道元や親鸞の話、法華経の話をしてあげたいと思っています。いずれにせよ、若いババは、先日カトリック教会を覗きに行って、伝統的な宗教的儀式であるミサに与って、これが2000年前に十字架に掛けられて死んだイエスが、捕えられる直前に弟子達と一緒に食宅を囲んだ「最後の晩餐」を記念し、イエスの最後のメッセージを伝えようとするもの、との話を聞いて「へー！」と感心していました。

我が大家族は昔から一種の宗教多元主義でやってきました。例えば大晦日には、我が家に娘一家息子一家がやってきて紅白歌合戦を皆で観たりした後、遠くからの除夜の鐘の音を聴きながら、子供達はお父さん達と一緒に近くの高野山系の密教寺院を訪ねて境内で大きな篝火を囲み、続いて近くの産土神の神社を訪ねて初詣の人達の列に加わり、帰って一眠りしてから皆でカトリック教会に行ってお正月のミサに与る、というのが恒例でした。そうした中で、子供達は少しずつ仏教や神道やキリスト教で大事にしてきたそれぞれの象徴的な精神文化に触れる機会を持ってくれたのではないか、と考えています。

学校でも宗教的な伝統や文化の教育を

日本社会には神道や仏教やキリスト教等々各宗教宗派の伝統的な文化が、習俗として、また御祭りなどの行事として、それぞれの地域に息づいています。学校教育においても、もっと近くにある神社やお寺、教会等の宗教施設に子どもを連れていって、何をどのように大切にしているのかといった説明を聞くことが大切ではないでしょうか。また映像資料等を用いて、その地域でよく見られるお宮参りや七五三、法事やお墓参りの様子を学んだり、各宗教宗派での結婚式やお葬式、春祭りや秋祭り、さらには欧米から入ってきたクリスマスやイースター等々といった行事の意義を学んだりすべきではないでしょうか。中学や高校以上になれば、神社やお寺、教会等で行われている祈願や黙想、行や儀式等に体験的に参加してみることも望ましいでしょう。

もちろん今でも、宗教的な背景を持つ一部の私立学校では、自分達の宗教宗派に関するものだけに限定されるにせよ、こうしたことをやっていますが、これを他の宗教宗派のものにまで広げることができないか、と思うのです。また公立の学校では、一切の宗教的な事象から目をそらすという風潮がありますが、これを抜本的に変革しなくては、という思いを強く持っています。本物の宗教文化に触れることなく育ってきた人が大多数になった現代社会だからこそ、宗教を騙るエセ教団に難関大学の卒業生を含む優等生達が搦め捕られてしまい、とんでもない反社会的行為に走ったオウム真理教事件が生じたことを忘れてはならないでしょう。

私自身、この問題に関連して、1980年代後半、小学校低学年に新教科「生活科」を創設し、その内容創りをするため当時の文部省に置かれた協力者会議に参加した折のことを思い起こします。年若いメンバーであった私自身にとって、宗教を忌避する戦後教育の呪縛からやっと解放される機運が出てきたのかと、非常に心強く思ったものでした。最近では2006年の教育基本法改正に至る何年間か、中央教育審議会等の場でこうした議論を繰り返し行いました。衆議院の教育基本法特別委員会に私自身が呼ばれ意見陳述をした際にも、宗教文化との触れ合いの人間形成的意義に触れたことを思い出します。

ただし、これからの学校教育では宗教的な面に関わる教育をもっと積極的に、などと言えば、現代日本の知識人の多くは、まず嫌な顔をするのではないでしょうか。

——日本人の意識や生活の中で宗教が重視されるようになれば、宗教宗派ごとの集団が跋扈することになり、日本社会に深刻な分裂がもたらされる——

——宗教が重視されるようになれば、日本人の精神が総体として非理性的で非科学的なものに堕してしまうことになる——

といった厳しい批判的反応が噴出することが容易に予想されるでしょう。

多くの現代人の持っている宗教なるもののイメージは、「独善的で排他的である」ということ、そして「自然科学なり合理的思考なりに反することを主張し信じさせる」ということでしょう。当然の前提として、我々の期待する新たな形での開かれた宗教教育においては、この2つの「落とし穴」に落ち込まないよう細心の注意が必要となります。

宗教多元主義の積極的な形での推進を

従来のキリスト教などは、「我が神のみ尊し」という信仰を持ち、自分達の信徒集団のみが「神から選ばれたもの」という排他的な考え方（選民思想）をしがちでした。また、他の宗教宗派の中にも戦闘的に他宗教他宗派を攻撃し、自分達の宗派以外の存在は認めない、という姿勢を示してきたところもあります。こうした独善的排他的宗教が盛んになって、なおかつ社会が統一された姿を保つためには、その宗教宗派のみによって社会が統一され、他の諸宗教宗派は禁圧されなくてはならないでしょう。これは「個の圧殺」に繋がります。これからの「宗教の尊重」は、そうした単一宗教による社会的統一ではなく、宗教宗派のそれぞれを、反社会的であったり非人間的であったりしない限り互いに認め合う、という「宗教多元主義」を大前提としなくてはならないのです。

十字軍や宗教戦争等々といった非寛容で血なまぐさい宗教的行動を歴史的に示してきたキリスト教世界においてさえ、「宗教多元主義」への動きが拡がりつつあります。例えばイギリスでは、プロテスタントの宗教学者ヒック（注1）が1980年に公刊した『神は多くの名前をもつ――新しい宗教的多元論』（間瀬啓允訳、岩波書店、1986）がベストセラーになり、大きな話題となりました。これより早く、12億余りの信徒を擁する世界最大の教団であるカトリックでは、1960年代前半（1962～1965）に世界中から代表者を集めて第2バチカン公会議を開催し、諸宗教との対話と宗教多元主義の原則の確認、という基本姿勢を打ち出し、宣言しています（南山大学監修『第2バチカン公会議　公文書全集』中央出版社、1986）。

宗教各派の「精神的覚醒」への呼び掛けを理解する

世界の大宗教と呼ばれる宗教宗派は、元々、我々の陥りやすい偏狭な自己意識の在り方に対して大転換を促す教えを共通に持っています。端的に言えば「個我へのこだわり」「狭い自己中心性」からの解放です。我々はどうしても「自分」の生命、「自分」の意志、「自分」の責任で生きていると考えがちです。そして、幸不幸も「自分」の状態如何のことであるとしか考えません。我々が「個我」としての意識世界を持って生存している以上これはある意味で当然のことですが、この点についての根本的な意識の転換、「生かされて生きる」「与えられた状況を受け入れ、その場を大切に一所懸命に生きる」といった実感的大前提を持つ意識世界の在り方への転換が不可欠なのです。「自己の置かれた（まさにその）場所で、自分なりの花を咲かせる」といった人生観の確立です。

　こうした「個我へのこだわり」からの脱却のため、神聖な場において「崇高な存在」との関わりを感じ、祈祷や念仏等を通じて「神仏」のまなざしを感じ取ることも優れた道でしょう。もっと徹底した形では、座禅における「見性（けんしょう）」体験などもあります。こうした土台の上に初めて、「敵をも愛せよ」というキリスト教の「愛」が、そして仏教の「慈悲」や「菩薩道」が出てくることになるのでしょう。こうした「個我へのこだわり」からの脱却が実現していくならば、我々の理性も一層輝きを増すでしょうし、迷信的なものに落ち込むこともあり得ないことになります。「自分」の一身上の利己的な欲望や願望を実現するために祈ったり行をしたりする、といった宗教観を持つからこそ非理性的な考え方や迷信に落ち込んでしまうのです。

大らかで深い日本の精神的伝統に立ち返りたい

　宗教多元主義は、実は、日本の伝統的な文化の底流となってきたものでもあります。例えば、15世紀室町時代中期に刊行された一休禅師（注2）の絵入り仮名法語『一休骸骨』の次の歌にも示されているところです。

分け登る麓の道は多けれど　同じ高嶺の月を見るかな

いろいろな宗旨はあるけれど、結局極めていけば同じ真理に辿り着くものだ、という意味です。この歌の示すところに、我々は今こそ立ち返るべきではないでしょうか。

釈迦（しゃか）もイエスも、一つの宗教宗派の絶対性を主張した方ではありませんでした。それぞれの説法の中では、非常におおらかに、さまざまな宗教的伝統を認めています。そして結局のところは、「個我へのこだわり」からの脱却をモチーフとして教えたのです。

「高嶺の月」を見ることができるところまで我々を導いてくれる宗教、「分け登る麓の道」を何本も認めてくれる宗教を、一人一人の実感・納得・本音に即したかたちで学んでいくことが、今こそ必要とされているのではないでしょうか。

注

1　ジョン・ヒック（１９２２～２０１２）はイギリスの宗教哲学者。遠藤周作の『深い河』には、ヒックの思想の影響が見られるという。

2　一休宗純（１３９４～１４８１）は臨済宗の僧。大徳寺の住持も勤めるが、自由奔放な言行で知られる。

6 内的原理の確立を

自分自身の人生を充実した形で生きていくためには、そして自分なりの進歩向上が実現していくためには、自分自身が真の意味で自分の主人公にならなくてはなりません。猪突猛進(ちょとつもうしん)にならず、右顧左弁(うこさべん)にならず、一歩一歩着実に自分なりに前進していく姿勢を確立しなくてはなりません。このためには、何よりもまず「和して同ぜず」ということを自らの内的原理にしていくことが不可欠ではないでしょうか。

和して同ぜず

この言葉は孔子(注1)のものですが、「君子は和して同ぜず、小人は同じて和せず」という対句の形で言われることもあります。君子と呼ばれるような人格者は、人と調和していくことを知っているが、決して付和雷同(ふわらいどう)するようなことはない。これに対して、小人と呼ばれるような未熟な人は、すぐに付和雷同して右往左往するけれども、本当に人と調和してやっていくということを知らない。この対句の意味するところは、一応こういったところでしょうか。

人と上手に手をつないでいかなくては、現実には生きていけません。と同時に、人にいつでも追随し、付和雷同するのでは、自分が本当に生きていることにはなりません。人と手をつなぎながらも付和雷同にならないためにはいったいどうしたらいいのか、ということが問題になるわけです。この答えは、「自分自身の中に確り(しっか)した基盤を持つ」、あるいは「自分自身の足で歩いていく上での内的原理を持つ」ということでしょう。より具体的に言うと、「自分なりのものの感じ方を基盤とし、自分の実感に根ざして考え、自分の納得と本音を土台に行動し、確固とした信念を持ってやっていく」ということです。これこそ「自分が本当に生きていく」「自分が自分を生きていく」ことではないでしょうか。

しかし、これを実現するのは必ずしも容易なことでありません。まず、日本の社会自体が同調性の強い社会、すぐに付和雷同してしまいがちな社会です。もっと言うと、お互いに忖度(そんたく)し合い、迎合し合う社会です。目の前に居る人に気に入られようとして、何でもやってしまいかねない社会です。だから、よほど自分で自分を戒めていないと、自分の周囲の人に合わせるだけの生活、自分の周囲の人に気に入ってもらおうと自分を偽り続ける生活、になってしまいます。大人も子供も、この点では同じでしょう。

教育活動の中でも、教師の言うことは何はともあれ「はい」と言わねばならないような雰囲気がないわけではありません。自分なりに考えたり、何かやろうとしたりすると「生意気だ！」と言われてしまう、自分の主張を持って居ると「我が強い！」と言われてしまう、周囲の人と違うことをやると「協調性がない！」とされてしまう、そういったことはないでしょうか。

だからでしょう、自分でよく飲み込めていなくても「先生の言うことだから」「教科書に書いてあることだから」とそのまま鵜呑みにし、わけも分からず覚え込む、という姿が見られがちです。教師が期待して待っている発言を察知し、競いあってそれを口にしようとするという迎合そのものの姿も、特に優等生にしばしば見られるところです。しかし、これでは自分の人生を自分の責任で生きていくという方向への育ちは無理です。時には回り道になっても、効率が悪くても、人と衝突しても、阿呆に見えても、自分に分からないこと、納得できないことは、「分からない！」「自分としてはウンと言えない！」と言えなくてはなりません。自分の感覚を信頼し、自分の実感に根差して考えること、自分の納得、自分の本音を自分で大事にすること、これをもっと教育していくべきではないでしょうか。

自己向上を図り充実した形で生きていく内的原理を

こうした土台の上に、長い人生を建設的な形で、活力に満ちて生き、絶えず自己の向上を図っていくための柱となるような実感なり信念なりを、一人一人の中に具体的な形で育成していきたいものです。そうした実感・信念にはいろいろのものがあり得るでしょうが、私自身が特に大事だと考えるものを以下に挙げておきたいと思います。

まず、日常生活を支えるものとして、次のような信念が形成されていくことが特に大事だろうと思います。これらはいずれも、一人一人が前向きになり、自分から積極的に活動していくための不可欠な内的原理ではないでしょうか。

(1)　為せば成る、との信念を

自分でも頑張って努力さえすれば、それなりの成果を挙げることができる、ということを大前提として物事に取り組むようになること。これは現実には、励ましと達成感の積み重ねによって自己効力感を獲得させていくことで実現していく場合が多いでしょう。こうした自己効力感は、自分自身の願いは自分自身の努力によってしか実現できない、といった自己決定・自己責任の感覚の獲得に繋がっていくのではないでしょうか。

(2)　絶えざる学び、という基本姿勢を

絶えざる学習を通じて初めて自分自身を豊かにし成長させることができる、ということを実感するようになること。これは、人間にとって、学習するということ自体がいかに重要であり、意義あることであるか、十分に理解することです。そして、そうした認識の上に立って、自己の出会うあらゆる場、あらゆる人を、学習の機会として活用する、といった姿勢・態度を確立することと言ってよいでしょう。

(3)　克己と対処、の習慣づけを

嫌なこと苦しいことから逃げないで真正面から取り組んでいって初めて、精神的な充実感を得ることができる、ということを実感するようになること。これは、克己と対処の姿勢の意義と重要性に気づくよう、学校生活のあらゆる場面で配慮し、工夫していくことによって実現するでしょう。言い換えるなら、自分の置かれた困難な事態から逃げない、目の前に迫っている嫌な課題をごまかしたり放り出したりしない、ということの訓練を積み重ねていくことが必要になるのではないでしょうか。

こうした基盤の上に、一人一人が長い生涯にわたって、人間として深まり豊かになっていってほしいのですが、そうした場合、少なくとも次のような実感なり信念なりを持つようになることが必要ではないかと思われてなりません。

(4) 自分の未来は青天井、との信念を

自分の将来はチャンスと可能性に満ちており、基本的には「青天井」である、という自己概念を持つこと。確かに、全てがうまくいくように思える時期と全てがうまくいかないように思える時期とがあったりします。「禍福はあざなえる縄のごとし」でもあります。しかしながら、目先のことに一喜一憂することなく、希望をもってその時々のやるべきことをやっていけばよい、という考え方が大切ではないでしょうか。いやもっと積極的に、「天命を信じて人事を尽くす」といった気概を持つべきではないでしょうか。

(5) 生かされている自分、という実感を

自分自身が、人々によって、さらには大自然の力によって、「生かされている」という自己意識を持つこと。さらには、それを土台とした「脱自己中心的」で満足感・充実感にあふれた人生観、世界観を持つこと。自分の力で生きていくしかない、などと気張ったり悲壮な覚悟をしたりするのでなく、自分は今までも人々のなかで多くの人に支えられて生きてきたのであり、これからもそうである、ということに気づくこと。さらには、自分が生きているというよりは、大きな自然の力によって生かされている、と言うべきである、という基本認識を持つこ

ないでしょうか。こうした根本的な事実を理解するならば、肩の力を抜いて、安心して生きていけるのではないでしょうか。

(6)　自分の感謝を他への貢献に生かしたい、との気持ちを

自分が基本的に生かされている存在であるとしたならば、自分も何か自分にできることで周囲に貢献するのが自然であり当然である、という気持ちを持つこと。自分自身が他の人のために、また自然界をも含めた世界のために役立つ働きをするということは、存在論的な意味での基本的義務であり、またそのことは自分に本来可能であることを実感し、実際にそうした働きができるよう工夫し努力する姿勢をもつこと。

この意味で考えると、比叡山を開いた最澄(注2)の言葉にある「照一隅(しょういちぐう)」という姿勢が特に大切になるのではないでしょうか。誰もが自分のために準備された「一隅」を、一生懸命照らす努力をしなくてはならないのです。必ずしも大きな使命や働きを考える必要はありません。自分に可能なささやかな貢献で結構なのです。しかしそれをやらないままでは、人間として大きな顔をして生きていくことができない、といった気持ちを持つべきではないでしょうか。

世に暮らす大人達の全てが、とりわけ親や教師の任にある人は、上記のような内的原理を持てるよう、まず自分自身が努めるべきでしょう。そして、子供達にそうした実感や信念や習慣が育っていくよう、言葉でも背中でも暗黙の雰囲気によってでも、機会あるごとに語りかけていく努力をすべきではないでしょうか。

注

1 孔子（紀元前551～紀元前479）は中国の春秋時代の思想家。その教えが儒教として発展する。『論語』は弟子たちが孔子の言葉をまとめたもの。

2 最澄（766～822）は平安時代初期の仏僧。日本の天台宗の開祖であり、伝教大師と呼ばれる。唐に渡って学び、帰国して比叡山延暦寺を建てた。

第Ⅴ部

和文化教育学会東村山大会で基調講演（2014 年 11 月）

1　日本の伝統・文化を学ぶ

日本の伝統・文化を尊重する教育を

１９４５年の無条件降伏による太平洋戦争の終結と、その結果としての7年間近くにわたるアメリカを中心とした連合国軍による占領統治という、日本社会始まって以来未曾有の歴史体験がありました。日本社会が初めて経験した占領（他国による支配）という痛恨の歴史体験をどう受け止め、日本社会の未来を形成していく上での不可欠の教訓としてどう生かすか、日本社会に生きる誰しもが深く考えてみなくてはならない課題でしょう。

日本の敗戦と占領によって失われたものは数々ありますが、最も大切なものは、日本社会が長い年月をかけて築きあげてきた誇るべき「伝統と文化」の継承が疎かになったことです。戦勝国であり支配者となった欧米諸国の占領政策と日本側各界の迎合によって、欧米の文化や生活様式に対する尊敬や憧れが強く湧き起こったのは、ある意味では自然な成り行きでした。しかし、それが日本の伝統や文化に対する蔑視を生み、この結果として日本の優れた思想や芸術・芸能、大事にされるべき風習や伝統行事、等々が軽視され続けてきたことは、極めて残念なことです。まずもって、教育関係者の全てが、日本のことをもっと知り、理解を深める努力をする必要があるのではないでしょうか。

敗戦後の占領期間中に制定された教育基本法が、２００６年12月、60年ぶりに改訂されました。これと連動する形で学習指導要領も改訂され、２００８年３月には幼稚園・小学校・中学校について、また２００９年４月には高等学校と特別支援学校について告示されました。こうした動きの中で重要なポイントとなったのが、敗戦後ずっと軽視され続けてきた「文化的伝統の教育」です。私自身、中央教育審議会の基本問題分科会や教育制度分科会の委員として、また教育課程部会長として、教育基本法の改訂に関する論議にも、また新しい学習指導要領の取り纏めにも関わった経過を省みても、このことを痛感します。

新しい教育基本法の「教育の目標」の第５項には、次の文言があります。

伝統と文化を尊重し、それらをはぐくんできた我が国と郷土を愛するとともに、他国を尊重し、国際社会の平和と発展に寄与する態度を養うこと

ちなみに、当時の野党第一党の民主党が対案として国会に提出した日本国教育基本法案においても、前文の結びの部分に、次のような同趣旨の表現が置かれていました。

日本を愛する心を涵養し、先祖を敬い、子孫に想いをいたし、伝統、文化、芸術を尊び、学術の振興に努め、他国や他文化を理解し、新たな文明の創造を希求することである。

日本の文化や伝統を学校教育の中で重視するということは、政治的な対立を越えた日本国民の多くの願いだったのです。

これを踏まえて改訂された学習指導要領においても、日本の伝統や文化について学ぶことが一つのポイントとなりました。このためには、日本語が日本の文化の重要な表現形態であることが理解され、また日本語で構成された記録や詩歌、物語や評論等の文化的所産に対して、これまで以上の関心が持たれなくてはなりません。また、日本語そのものが一つの文化的伝統であるという視点からの取り組みも不可欠となります。小学校段階から国語科の教科書に古典を載せるという措置は、「文化的伝統の教育」と「言葉の力」を表裏一体のものとして実現していく上での一つの具体策として、重要な意味を持つでしょう。

敗戦による日本蔑視的風潮の克服

敗戦後の昭和20年代、私自身が小学生だった頃には、日本の伝統的なものの全てを悪く言う風潮がありました。漢字かな交じりの日本語表現は煩雑過ぎるからこれを廃止してローマ字綴りにしようという動きなども、こうした流れの一環でした。「進歩的文化人」の中には、これからは英語を学校でもっとやらせて、将来は英語を日本の共通語にしようという主張も見られたほどです。卑近な例で言えば、御飯と味噌汁を中心とした食事は身体に悪い、パンとミルクを中心としたアメリカ風の食事に改善しなくてはいけない、ということで、学校給食といえばパンとミルクを中心としたものでした。そして、魚中心の日本的なおかずは貧乏臭く栄養のないものであり、肉中心のアメリカ的なおかずは贅沢な匂いのする栄養価の高いもの、というイメージが振りまかれていました。

現在は、いくら英語がグローバル化の時代に大事であるとしても、日本人ならまずは日本語を、ということになっています。また学校では米飯給食も出され、伝統的な日本的食生活がいかに健康的で長寿の原因ともなるかと言われています。ニューヨークに行けば小さな寿司屋が林立し、健康志向のアメリカ人が握りをつまんでいるのです。生活様式や思考様式の欧米化こそ人間としての進歩向上であるといった無邪気な言説も、基本的には過去のものになったと言ってよいでしょう。

こうした状況の変化の中で、日本の伝統・文化にきちんと向き合い、それを継承発展させることを願い、それを土台として多文化共生の人類社会に日本人として参画する、という新しい時代に向けての動きが始まりつつあるのです。

ここで注意すべきことは、伝統・文化の教育が自民族中心主義（エスノセントリズム）の落とし穴に落ち込まないようにすることです。日本の伝統や文化に誇りを持ち、日本を愛することが、他の国々に対する「驕（おご）り高ぶり」や「競い合い」の気持ちを伴ったものであってはなりません。日本は１９００年代に入ってナショナリズムが高揚し、それが無自覚に進展していった結果「日本第一主義」とでも言える視野狭窄に陥ってしまう、という反省すべき時期を経験しています。１９４５年の敗戦によってこれが大逆転したわけですが、こうした不幸な経過から歴史的な教訓を学ばなくてはなりません。

日本の伝統・文化について学び、それを尊重するようになることは、基本的には脚下照顧（きゃっかしょうこ）のためです。自国の文化・伝統の理解を大きな基盤として、近隣諸国の伝統・文化を、そして世界各地の各民族の伝統・文化を、学び尊重するところに進んでいかなければなりません。各国各民族の一人一人が、自国自民族の先人が積み重ねてきた伝統や文化を自覚し、その深化発展に努め、その上に立って世界人類に対して独自の寄与を行う、という方向に進んでいかねばならないのです。これこそが真の国際主義、多文化共生主義であることは、改めて言うまでもないことでしょう。

脚下照顧のためにも日本の優れた古典の学びを

日本の学校に通う子供達が、日本列島の上で連綿と続けられてきた多彩な文化的伝統を受け継ぎ、それを支える固有の感性と認識、さらには深い精神性に触れて自らの骨肉とし、それを土台に世界各地の優れた諸文化との交流・共生を図るようになっていってほしいものです。日本の地に生れ、日本語で認識・思考し、日本人同士の付き合いの中で成人していくと、否応なく日本人としての伝統的な感性なり精神なりのありようを自らの内に育んでいくことになります。そのことを意識化しないままにしておくと、その時々の（特に外来の思潮の流入によって形成される）支配的風潮に流されていく表層の部分と、暗黙の心理的精神的土台となっている部分との間に解離が生まれてしまいます。そうすると、社会の在り方そのものとしても軽佻浮薄な様相を呈してきますし、そこに生きる個々人としても内的にしっくりしない部分を抱え込み、意欲や活力を失ったり、足の地に着いた創造性が発揮できないままになったりすることになります。脚下照顧を心がけ、伝統・文化をきちんとした形で学ぶことには、そうした根本的な意義があるのです。

こうした脚下照顧の優れた手がかりとして、日本の古典についての学びは、とりわけ重要な意義を持つのではないでしょうか。例えば本居宣長(注1)の『うひ山踏み』や貝原益軒の『和俗童子訓』等といった教育の古典を、教育関係者がどの程度読んでいるか、大いに反省してみる必要があるでしょう。また日本の教育思想として名高い中江藤樹(注2)の本や熊沢蕃山の本などを覗いて見た人はどのくらいおられるのでしょうか。日本の伝統の中に珠玉のように光る人生観・生き方、教育観などについて学ぶことを抜きにしては、日本人としての誇りを持つことも日本人らしい魂の教育をすることも、到底不可能でしょう。

もちろん、本格的に日本の優れた伝統や文化を学ぼうとするならば、『古事記』や『日本書紀』、『万葉集』や『古今和歌集』、『源氏物語』や『平家物語』等々必読文献とも言うべきものがあります。これら全てを精読することは不可能としても、時折パラパラと頁をめくってみたり、解説書などに目を通してみたりするくらいのことは十分に心がけていきたいものです。

注

1　本居宣長（1730～1801）は江戸時代中後期の国学者。日本の古典を重視し、大部な『古事記伝』を著す。晩年、弟子達の求めに応じて、学問とくに国学を学ぶ際の心構えを解いた書が『うひ山踏み』。

2　中江藤樹（1608～1648）は江戸時代初期の陽明学者。『翁問答』などを著す。近江聖人と称えられる。

2 〈お茶〉に学ぶ

これからの時代、もっと多くの子供や若者が、〈お茶〉（茶道）に親しんでほしいと願っています。「お行儀が良くなるから」とか、「上品な趣味を身につけておいた方がいいから」ということもないわけではありません。しかしもっと積極的に、「日本には〈お茶〉という優れた伝統文化が存在し続けてきているのだから」ということです。〈お茶〉に体験的に触れ続け、その精神文化的な伝統にこだわって考えることを通じて、子供や若者にとって、そして大人であっても、その精神的な成長・成熟に大事な役割を果たす面があるのでは、と考えられるからなのです。

日常茶飯

お茶を飲むこと自体、日本ではまさに日常茶飯的なことです。牛や馬が毎日餌を食べたり水を飲んだりするのと同様、今の日本人にとってもお茶を飲むことは、必ずしも特別な意味を持つ行為ではありません。そうした日常茶飯事を体系化し、学んでいったからといって、それが何になるのでしょうか。〈お琴〉を習って美しい音楽を奏でることができるようになったり、

〈お花〉を習って身の回りを豊かに飾れるようになったりするのとは何かが少し違う感じがあります。音楽や身の回りの花は、日常生活の中になければなくてすむものですが、喫茶喫飯は必須のものであり、日常性そのものだからです。

しかし道元は、日常卑近の茶飯事こそ、特別に意識化し、秩序付け、精神的な意味を込め、誠心誠意行わねばならない、という一見逆説的な思想を語ります。お米を研ぎ、お菜を準備する、といった毎日の台所仕事であっても、いや毎日毎日繰り返し行う日常的な仕事であるからこそ、いささかも気の緩みのないよう、誠心誠意、全力を挙げて取り組まなくてはならない、と強調します。全てのことにおいて「只管(しかん)」（ただひたすらそのことにうちこむこと）であるよう努めるべき、ということなのです。そして有名な「典座(てんぞ)教訓」など6編からなる『永平清規』では、食事の整え方だけでなく、食器の扱い方、食堂での行儀、食事の頂き方、さらにはトイレの使い方に至るまで丁寧に説かれているのです。

このあたりの精神を、子供や若者に、点茶や喫茶、その準備と後片づけ、といった〈お茶〉の具体的活動を通して体得させたい、というのが、何よりも私の期待するところです。道具とか飾りつけといった美的かつ趣味的な世界も大切ですが、まずは日常茶飯事の中に深い世界の存在することを、日常茶飯事を無心に懸命に努めることの中に深く生きることの要諦が存在することを、学ばせたいのです。

和敬清寂

さて、茶室の掛け軸や、〈お茶〉をやっている人の色紙に、よく〈和敬清寂〉の文字を見ることがあります。これは、千利休が侘び茶の精神を象徴的に示したもの、その意味で〈お茶〉の根本に関わる言葉、と言われることもあります。

この4文字を一見すると、主客の交わりの精神が〈和敬〉によって象徴され、茶室内外のあり方が〈清寂〉によって象徴されているようにも思えます。主客もそれまでいろいろと付き合ってきた知り合い同士であることが多いでしょう。しかし茶室では、あるいは特別に準備された〈お茶〉の席では、改まった気分で互いに和らぎと敬意に溢れた雰囲気に浸り、ゆったりとした時間を過ごす。室の内外は静まり返っていて、その場の道具や花も掛け軸も清々としている。そういった光景が目に浮かぶのではないでしょうか。

しかし、〈和敬清寂〉ということは、必ずしもそういうことだけではないようです。

千利休から百年後、元禄時代に刊行された『茶祖伝』の序において、巨妙子（大徳寺二三世大心義統）は、茶祖珠光(注1)が将軍足利義政に茶の何たるかを尋ねられ、「一味清浄禅悦法喜」の境地であると答えたことを踏まえて、千利休が「よく和し、よく敬し、よく清く、よく寂かなり」という四諦を茶の湯の根本として定めた、と述べているということです。

実際には千利休の残した言葉ではないという見方もあるようですが、そんなことはどうでもいいことです。誰の創った言葉であるかより、この四文字が〈お茶〉の境地の根本を示すものとして、時代を超えて伝えられてきたという事実こそが大切なのです。

〈和敬清寂〉が四つの「諦」と呼ばれるように、〈お茶〉に際しての基本的な心理的境地を示すものであるとするなら、茶室内外の雰囲気や環境のあり方といった外的条件を整えることによってそれが実現する、と簡単に考えるわけにはいきません。〈お茶〉をやる人の心境のあり方や気持ちの状態そのものをどう整えるか、ということになるからです。

和らぎの気持ちを持ち、敬虔な気持ちを持ち、濁りやこだわりのない清らかな気持ちを持ち、落ち着いて静まり返った気持ちを持つ、ということをどう実現するかなのです。そしてこれは、茶会や茶事といった特別な時だけでなく、朝から晩までの日常茶飯の時に、言い換えるなら生活の全ての場面で、四六時中、何時でも持ち続けるべき気持ちの在り方、とされるのです。

流派伝来のお点前(てまえ)の練習や〈お茶〉に関する古来のしきたりを学習することは、とても大切なことです。しかし、そうした練習や学習を通じて、実は、気持ちの持ち方、心の在り方の訓練をしているのだ、ということを忘れないようにしたいものです。〈お茶〉を学ぶということは、単なる行儀や作法の伝授ではありません。〈お茶〉の道は精神修養の道なのだ、という先人の教えを常に念頭に置きたいものです。

不審の花

利休は、自分の〈お茶〉の奥義について、伝書とか秘伝の類を残しませんでした。自分の茶会について自分で記録することさえしていません。彼が最も大事にしていた茶道具こそ、利休的な〈お茶〉の世界の美意識を如実に物語るものであるのに、しかも最も世間的価値の高い（高額の）ものであるのに、切腹直前に作成された遺言状には、その処置について一言も触れられていません。銀百匁の貸金の取り立てまで遺言しているのに、です。

利休の〈お茶〉の真髄は、どのような茶室を作り、どのような道具を選んで使い、どのような茶会を催したか、という具体の中にしか窺えない、と言われます。

たとえば利休は、自分の茶室を〈不審庵〉と名付けました。この名は、ある一つの建物に付けられたものではありません。堺の利休屋敷の茶室も、京都の大徳寺門前の茶室も、豊臣秀吉の京都の邸宅である聚楽第（じゅらくだい）に設けた自分の茶室も、〈不審庵〉と呼ばれていたそうです。そして、利休の〈お茶〉を継ごうとした孫の宗旦も、自分の茶室に〈不審庵〉と名づけました。だから、茶室〈不審庵〉の具体的な作りは、それぞれ非常に異なっています。大きさも、大徳寺門前のものは四畳半、宗旦のものは一畳、表千家に伝わっているものは三畳です。

この〈不審庵〉という名は、利休の親しい友人であり、また禅修業の師匠であり、さらには〈お茶〉の弟子でもあった、大徳寺117世古渓宗陳（こけいそうちん）（注2）の偈（げ）、

不審花開今日春（不審の花開きて今日春なり）

に基づくということです。この偈は、「つまびらかでない（確かではない）花が咲いた、まさに今日は春だ！」とでも訳したらよいのでしょうか。これはもちろん、春の長閑（のどか）な情景を表現したものではありません。開悟の心境を直截に表現したものでしょう。「この時この場に花が

咲いている（一つの美が実現している）、その事実それ自体が大切なのであって、それが何の花だとか、色鮮やかだとか、形がおもしろいといった詮索は無用！」ということでしょう。そして、「この花が咲いたのは、まさに今ここでのことなのであり、これによって今日の光景は昨日までとはガラッと異なって、春そのものなのだ！」ということなのでしょう。言い換えるなら「〈今・ここ〉での美の現前を、したり顔の小理屈や解説抜きで、ただただ感じとり味わってみよう！」ということではないでしょうか。

利休の〈お茶〉は、〈不審の花〉を主客が共に味わい合う、というものだったのではないか、と思われてなりません。だから言葉化した口伝や伝書は不必要だったのです。さらには、言葉化してしまえば、利休の〈お茶〉から〈不審の花〉が消失してしまう恐れがあったのでしょう。

裏千家には、茶室〈今日庵〉が伝わっています。宗旦が〈不審庵〉を譲って隠居した後に建てたものということです。この茶室の命名についてもさまざまな話が伝わっていますが、やはり古渓宗陳の前述の偈の後半部分から取ったもの、つまり同じ精神を表現したものなのでしょう。

小理屈に堕してしまわない即自的な美しさを〈今・ここ〉に現前させる、というのが利休的な〈お茶〉であるとするなら、やはり大変なことと言わねばなりません。偉いお茶人から、〈お茶とは、ただ湯を沸かしてお茶の葉を入れて飲むまでのこと〉と言われたとしても、私のような素人が、その言葉を文字通りに、そのまま受け取るわけにはいきません。

〈お茶〉の世界は、日常生活そのものにつながる卑近さ単純さを持つと同時に、非日常的な美の世界を特別な配慮の下に現出させる、といった面を持っています。覗けば覗くほど学ぶべきことが次々と出てくるような深さを孕んだ世界、と言うべきでしょう。人間的な成長成熟を目標とする人間教育にとって、かけがえのない伝統文化です。日本の老若の人達に、さらには御縁ある世界各地の人達に、体験的に学んで頂きたいと深く念願してやみません。

注

1　村田珠光（じゅこう）（１４２３〜１５０２）は室町時代中期の茶人。浄土宗の僧として出家するが二〇歳前に寺を出る。わび茶の創始者。

2　古渓宗陳（こけいそうちん）（１５３２〜１５９７）は安土桃山時代の臨済宗の僧。越前国の戦国大名である朝倉氏の出身。

3 〈自然〉を大切に

自然に＝自ずからなる秩序の実現＝とは

「自然に」とか「自ずから然らしむ」ということが、日本では古くから尊重されてきました。この「自然」が、美意識から対人関係の在り方、さらには生き方に至るまで、日本社会が伝統として伝えてきた文化的価値観の根底にある原理となっているのではないでしょうか。当然のことながら、人間としての成長成熟の在り方を語る場合にも、こうした言葉で示されるような見方が、深いところに潜んでいるような気がしてなりません。

私達は「自然に」という言葉を、おおむね「事態が自ずから動いていくままに」という意味で用います。これは、とりもなおさず、そうした在り方に潜む「自ずからなる秩序」を尊重するということでしょう。そして、その結果として生ずる「落ち着くところに落ち着いたありよう」を佳しとすることでしょう。

このことから、外界について「自然に」と言う場合、それは多くの場合、「人為を加えない」ということを意味しています。そしてこの「自然に」を自分自身の内面世界について言えば、

「そのまま」ということになり、「無理をしない」「力みがない」、さらには「わざとらしさがない」「演技的仮面的でない」ことを意味することになるのではないでしょうか。

しかしながら、この「自然に」ということは、「事態が自ずから動いていくままに」であるにしても、それは必ずしも「そのまま放置しておく」ことを意味するわけではありません。例えば庭をそのまま放置しておいたならば、雑草が生い茂った状態になるでしょう。それを私達は「自然な」たたずまいであるとは決して見てとらないでしょうし、価値あるものとも見ないはずです。庭の草取りをし、庭石や植え込みを整え、庭の全体が調和を持ったたたずまいになった時に初めて、私達は「自然な」たたずまいと見てとり、気持ちが落ち着く価値ある状態であるとするのではないでしょうか。

「自然に」とは、外的世界の客観的な在り方を必ずしも表すものでなく、外的世界の在り方が内面世界にある種の調和をもたらすものであるかどうかに関わるものであることが、ここから判明すると言ってよいでしょう。

個人としての在り方についても、同様です。いくら「自然な在り方」を佳しとするとしても、自分自身のその時その場での気分のままに動けば、「勝手気まま」として良くないこととされるでしょう。また、他人に対して自分の欲するが儘に発言したり行動したりすれば、「傍若無人」として、非難されることになるはずです。釈迦の言葉と伝えられる「自己を主とするなかれ、自己の主となれ」も、このことを言ったものでしょう。自省自戒が必要とされるところです。

外からの指導を排除すること、内面での自己統制を排除することが、「自然」ということではないのです。指導や自己統制は不可欠の重要性を持つことを大前提としながら、それらを「自然な形で」やることが必要とされているのです。

「内的自然＝ナツウラ」を基盤とする日本の伝統的心性

「自然に＝自ずから然らしめる」というのは、「事態が自ずから動いていくまま」であるにしても、その動きに「自ずからなる秩序」が現れていなくてはなりません。こうした秩序は、個々の人間の内面世界において「これこそまさに自然なもの」と感じられるものでなくてはならない、と言っていいでしょう。まさにこれは、「内的自然」に関わる事態であるのではないでしょうか。

私は、この「内的自然」について、次のように述べてみたことがあります（梶田叡一『不干斎ハビアンの思想――キリシタンの思想と日本的心性の相克』創元社、２０１４、p13）。

日本の伝統的な理想的人間像のありかたは、〈自然〉であるとよくいわれる。「自他の意志や意図と関わりなく、自ら調和的なありかたとなる」という意味での〈自然〉である。この〈自然〉は「己の欲するところに従えど則を越えず」という論語の言葉にも通じるものである。もっと敷衍すれば、「自分が実感するところ、無理なく納得できるところ、まさに自分の本音であるところ」という意味での〈内的自然〉を大事にし、それに則って生きる、ということである。これこそが本当に人間らしい自由で自然な生き方として希求されてきたところであり、日本人の行きつくべき生き方として想定され続けてきたところではないか、と思われるのです。

これは、豊臣時代から江戸時代初期にかけてキリシタン側の指導者として活躍し、後に一転してキリシタン排撃の書物『破提宇子（はだいうす）』を著した不干斎ハビアンについて論じた中での記述です。社会的に見れば、ハビアンはその立場を180度変えた変節者とも言えるわけですが、評論家の山本七平(注1)が指摘するように、ハビアンの依って立っていた基盤は、ここに述べた意味での「自然（ハビアンは「ナツウラ」と表現している）」の尊重であり、社会的な立場は変わろうと、その依って立つ基本的立場にはいささかも変更はなかった、と見てよいように思われるのです。

山本七平は、ここでの「自然＝ナツウラ」を、例えば「自然に帰れ」と言う場合の「自然」とは全く異なった見方であると説きます。「自然に帰れ」と言う場合には、「自然」を対象化してとらえており、自分自身は「自然」の一部ではないのです。あえて意識化することなく、自然の一部として自らを機能させる、ということこそがハビアンの重視した「ナツウラ」であるとするのです。だからこそハビアンは、『破提宇子』の中で「柳は緑、花は紅、是はただ自然の道理なり」と強調し、「年ごとに咲くや吉野の山桜、木を割りてみよ花のありかは」と一休宗純の古歌を引用してみせるのです。

山本七平は、こうした「自然」尊重のあり方を「日本教」と呼び、日本人の伝統的な心性の土台に「自然の道理」を尊ぶ原理があると指摘しています。そして、ハビアンを「日本教徒」

の典型ではないか、とするのです。

山本七平はこの「自然＝ナツウラ」の考え方は日本人独特のものであることを強調しているように見えます。そして必ずしも世界各国各文化で共有される普遍的なものではないことを示唆します。山本七平の洞察の深さには脱帽です。

山本七平の「自然＝ナツウラ」の考え方がよく伺われるところを、以下に引用しておきます（イザヤ・ベンダサン［山本七平］『日本教徒』文藝春秋社、１９９７、Ｐ180）

> 日本人は、当時から現在まで、「自然」という言葉が、全人類を律しうると考える一種の普遍主義者として生きてきた。この自然は、全人間を支配する絶対的秩序だから、人はその前で「無心」でいればよい、と。……
> 日本人が（「人間みな兄弟」といった標語を）使う場合は、「人間は一皮むけば――いわば『裸になって付き合えば』――みんな同じく『自然』の支配下にあり、『ナツウラの教へ』に従っている人間だ」という意味になってしまう。……

私などは、こうした「日本教」の直截的な表現として、親鸞の「自然法爾」の教えを思い起こしたりもします。これは「自己の一切のはからいを打ち捨てて、弥陀の誓願に全てを委ねて生きる」といった意味の教えです。しかし、こうした「自然の道理」を尊ぶ教えを短絡的に受け止め、「やりたいことをやりたいようにやっていいのだ」と解釈し、傍若無人に振る舞う邪道が一部に生じ、「本願誇り」として厳しく批判されたことも思い起こさざるを得ません。

いずれにせよ、「自然に」ということは、放任することでも、勝手気儘を佳しとするものでもないのです。自分自身の内面で、一番無理のないところ、自分なりに一番しっくり来るところ、自分の実感や納得や本音に一番近いところ、を常に求め、自己内対話を重ねながら、そうした内面的土台にしっかりと足をつけた判断や言動に努めることなのです。このことを大事にすることを常に再確認しながら、日常の行住座臥を律していきたいものです。
人間としての成長成熟の在り方を指し示す大事な目標として、こうした意味での「自然に」ということを深く心に留めていきたいと考えるのですが、如何でしょうか。

注

1　山本七平（1921〜1991）は評論家、山本書店店主。イザヤ・ベンダサンの名で刊行した『日本人とユダヤ人』（山本書店、1970）がベストセラーとなり、山本七平の名で『「空気」の研究』（文藝春秋、1977）、『日本人とは何か。——神話の世界から近代まで、その行動原理を探る（上・下）』（PHP、1989）など多面的な領域で著書を刊行。不干斎ハビアンについては、イザヤ・ベンダサンの名で、『日本教について——あるユダヤ人への手紙』（文藝春秋、1972）、『日本教徒——その開祖と現代知識人』（角川書店、1976）など。

4 和と慎みを学ぶ

自己中心的な自我追求の横行する現代社会で

欧米には元々キリスト教の伝統文化があり、無条件の「愛」に基づく自他和合の精神が尊重されてきました。これに加えて、神の前での絶えざる反省と自己吟味を大事にする「自我抑制」の精神が大事にされてきました。しかしながら、ルネッサンスから産業革命を経た近代になって、こうしたキリスト教的伝統精神が欧米の社会の中で急速に力を失い、自己の欲望・欲求の追求を旨とする自己中心的な精神が「個の解放」「個の自立」といった旗印の下に、指導者から庶民にまで蔓延するに至っています。そして現代社会では、こうした幼稚で短絡的な欧米の文化的退廃現象が、欧米による国際的な政治・経済の支配を中心としたグローバライゼーションの大波の下で、世界各国の社会の隅々にまで押し寄せ、日々浸透し続けていると言ってよいでしょう。

日本社会の現状もまた、こうした精神的な面で憂うべき状態にあることは、少なからぬ識者が気づき、警鐘を鳴らしてきたところです。日本社会には、古くから「和」に象徴される自他和合的な関係性のあり方が尊重されてきました。そして、自己主張の抑制を旨とする「慎み」の精神が、これと表裏一体となって日本社会の伝統的な価値観ないし精神性の根幹を形成してきた、と言ってよいでしょう。しかしながら、現代においては、日本の指導者も庶民も現代欧米社会的な自己中心的で自我追求的な精神に深く侵されてしまっているだけでなく、そのことについて何らの反省なり問題意識なりをも持っていないのではないでしょうか。

8世紀の「憲法十七条」が強調する「和」とは

日本書紀（養老4年＝720年に完成）が聖徳太子の制定したものとして伝える「憲法十七条」の冒頭の第1条には、「和をもって尊しとなす」という言葉が掲げられています。ここで言われている「和」とは、「忤うこと無きを宗とせよ」と言われているように、何よりもまず諍いのないことを目指す、ということです。そして「上和らぎ、下睦びて事を論ふときは、事理自に通ふ。何事か成らざらむ」と言われているように、上の人も下の人も協調と親愛の気持ちを持って話し合うなら必ず事柄の道理に適ったところに行き着き、何事であっても成就しないことはない、ということでもあります。

こうした日本的「和」の精神、自他の調和実現への志向性は、日常生活の様々な場面で伝統的に大事にされてきた「慎み」の精神に裏づけられたものであることも、決して見落とすことはできません。具体的には、相手の言いたいことに十分に耳を傾け、相手の立場を尊重し、自分自身の主張は控えめなものにし、我を張らず、ということです。何が何でも一つの調和した統一的な状態が実現すればいい、という単純な話ではないのです。少なくとも欧米流のディベート、相手をどう言い負かそうかという自我拡大的で自己主張貫徹の志向とは真逆のものであることを十分に認識しておかなくてはなりません。

この日本的な「和」は、また、古代ローマ帝国の時代に「パックス・ロマーナ（ローマの平和＝ローマ帝国を中心とした平和の秩序）」と言われ、最近ではそれをもじって「パックス・アメリカーナ」と言われる覇権(はけん)主義と真逆なものであることにも、我々は十分留意しておくべきでしょう。

個々人の奢り高ぶりを戒める日本的な平等感に基づいて

「憲法十七条」の第十条には、こうした日本的「和」の特質を伺わせる次のような表現が見られます。

……人の違(たが)うを怒らざれ。人みな心あり、心おのおの執(と)るところあり。彼是(ぜ)とすれば即ち我は非とす。我是とすれば即ち彼は非とす。我必ず聖なるにあらず。彼必ず愚なるにあらず。共にこれ凡夫(ぼんぶ)であるのみ。是非の理(ことわり)なんぞよく定むべき。相共に賢愚なること鐶(みみがね)の端(はし)なきがごとし。ここをもって、かの人瞋(いか)るといえども、かえって我が失(あやまち)を恐れよ。我ひとり得たりといえども衆に従いて同じく挙(おこ)なへ。

「人それぞれが自分なりの考えを持つことを認めるべきだ」というのです。そして「自分が聖人というわけでもないし、自分と考えの違う相手が愚者だというわけでもない」と言い切るのです。誰もが「凡人（誤りにも陥るただの人）なんだ、ということを大前提に話し合おうではないか」とするのです。そして「自分が真実のところを、真理であるところを理解していると確信したとしても、多くの他の人たちに従ってその人たちと同様の言動をするように」とまで言うのです。非常に謙虚で自我抑制的な精神です。自分の側にこそ「正義」がある、という思いを大前提にした言動を強く諌めているのです。

ヨーロッパ諸国が15世紀半ばから約200年にわたる大航海時代から今日に至るまで示してきた基本姿勢、即ちキリスト教の「布教」とそれによる「救霊」の努力に典型的な、自国の文化や価値観、生活習慣などを絶対視して、これをアジア・アフリカ・ラテンアメリカ諸国に対して普遍の真理ないし正義として押しつけ、軍事的な力を背景としてその受容を迫る、といった態度とは真逆のものであることは明らかでしょう。

こうした自己絶対視の排除と自分たちの確信する真理や正義の押しつけの抑制こそ、日本的な「慎み」の本質的な特質と言っていいのではないでしょうか。

自我拡大の抑制による自他共栄の原理「慎み」を

一般的に言って、人と人とが意見や利害を異にする場合、それを諍（あらそ）いに持っていかないためには、４つの基本的方向づけを持つ解決法が考えられます（梶田叡一『自己意識の心理学』東京大学出版会、１９８０、ｐ153、を参照）。

○自分が引き下がる（自譲＝自我放棄）

○相手に引き下がらせる（他譲＝自我拡大）
○どちらも共に引き下がらなくていい方法を考え出す（無譲＝無問題化）
○諍いの生じている問題状況から身を引き離す（離脱＝状況離脱）

日本的「和」の精神は、他譲的な問題解決方向を嫌い、無譲的な方向を目指すか、自譲的な問題解決を図るか、そのいずれもができない時には当面の問題状況を離脱しようとするか、といった特徴を持っていると考えてよいのではないでしょうか。自我拡大的な志向を抑えようとする姿勢＝反自我拡大主義こそ日本的「慎み」の心理的な特質と言ってよいのでは、と思えてなりません。

日本の伝統的な芸能や武道でも、こうした反自我拡大的志向を持つ「慎み」の精神的伝統を踏まえて、「潔さ」や「わび・さび」などの美意識が重んじられてきた、と見てよいのではないでしょうか。

ただし、こうした「和」への志向、「慎み」への志向が日本だけの誇るべきもの、と短絡的に考えてしまわないよう十分な注意が必要でしょう。我々は悪しき「エスノセントリズム（自文化中心主義）」の落とし穴に入り込まないよう常に自戒に努めるべきではないでしょうか。

ここで私の頭に浮かぶのは、12世紀末にイタリアに生まれ、その清貧と精神性の深さから後に聖者として広く尊崇された（生前は異端と見なされたりもした）アシジの聖フランシスコの生き方と思想です。この聖者の精神を象徴するものとして歌われる「Make me a Channel of your Peace（平和の祈り）」には、次のような歌詞が含まれています。

神よ！　慰められるよりも、慰めることを、
理解されるよりも、理解することを、
愛されるよりも、愛することを、求めさせてください！
自分自身を捨てて死ぬことによって、永遠の生命を得ることができるのです！

ここで希求されているのは自己中心性の落とし穴からの脱却です。それを踏まえた脱自的で開放的な能動性です。こうしたアシジの聖フランシスコの精神は、日本的な「慎み」の精神と深いところで呼応するところがあるのではないでしょうか。

ここで述べてきたような「和」と「慎み」の精神的伝統について、日本社会の未来を担う子供達に、是非とも様々な機会をとらえて話し、具体的な行為として体験させ、自分自身がそれらを体現すべく努力するよう促したい、と強く思われてなりません。これこそ今後の日本の教育が決して忘れてはならない「脚下照顧」の面を、最も基底において象徴するものと言うべきではないでしょうか。

5　空と他力を学ぶ

私が私の責任で頑張る、という柵(しがらみ)

現代の日本社会では、西欧近代の個人主義絶対の風潮が強く流入し、一人一人を究極の責任主体として絶対視する人間観が表面を覆っています。このため子供達も若者達も、真面目であればあるほど、自分が本当の意味で自立した人間になるためには、全てを自分自身の責任で考え、判断し、行動しなくてはならない、と考えがちです。そして自分の人生は、自分自身の責任に基づいて、自分自身の精一杯の頑張りで創り上げていかなければならない、といった気持ちを持ちがちです。

もちろん、こうした自己観で頑張り通せる間はそれでいいでしょう。しかし、失敗したり挫折したりすれば、それを自分の責任感や努力の不十分さであるとして、自分自身を責め、落ち込んでしまうことにもなります。不登校や引き籠りがこれだけ増えている背景には、こうした自己絶対視的な個人主義の大前提の中で動きが取れなくなっていることがあるのでは、と心配に思えて仕方がありません。

自己絶対視的な個人主義は競争を当然のこととし、むしろ競争によって個人も社会も発展していくかのような幻想を振りまきます。新自由主義を標榜する一部の政治家や評論家の主張はまさにそれです。しかしながら、そうした競争は結局は各段階で敗者を生み、挫折感や劣等感を蔓延させていきます。そして競争に勝ち残った少数の勝利者は、傲り高ぶりの中で他の人達を見下し、共感性の欠如をあらわにした自己中心的姿を示すことにもなります。東京大学や京都大学に合格したくらいで、あるいは選挙に勝ったくらいで、さらには長者番付に乗るくらいの社会的成功を勝ち得たくらいで、軽薄で醜い傲り高ぶりの姿を現実に見せつけられることもないわけではありまません。

もちろん、その時その場でチャランポランに好い加減にやっていけばいい、ということではありません。自分の責任などは一切棚上げにして、全ては周囲の誰かのせいで、あるいは社会そのものが悪いから、と無責任な責任転嫁を決めこむことでもありません。まじめに、自分でやるべきこと、やれることを、まさに自分なりの責任を持ってやっていかなければなりません。しかしこれと同時に、「自分の責任で」ということの中身や、「自分のやることとその結果との基本的な関係」等々について、十分に考えておかなくてはならないのではないでしょうか。

いずれにせよ、西欧諸国でも近現代の自己絶対視的な個人主義をどう乗り越えるか、様々な主張や動きが見られます。しかし我が国の場合、我々の優れた先人達が大事にしてきた「空」とか「他力」といった見方・考え方に、どこかで接して考えてみる機会さえあれば、と思われてなりません。自分自身についての認識の在り方や生き方の基本を含む自己観を自分なりに問い直してみる機会を持ちさえすれば、自己絶対視に由来する狭く硬直した全面的自己責任の感覚や、競争の中での勝ち残りが人生の目標であるかのような不毛で軽薄な人生観の陥穽から脱することができるように思われるのですが、如何でしょうか。

般若心経と「空(クウ)」観

般若心経と呼ばれる300字足らずの短いお経があります。般若波羅蜜多心経の略称ですが、ここには、大乗仏教の心髄とも言える「空(くう)」観が最も適確に説かれていると言われてきました。この般若心経は古来、仏教の多くの教派で読経されたり写経されたりしてきました。また神社の中にも神前で般若心経を唱える伝統を持つところがあります。修験道では、その「行」の要所要所でこの般若心経が用いられています。それだけでなく、日本の普通の家庭でも家族揃ってこの般若心経を唱えることが今でもあるようです。そうした意味で、日本の庶民の間で長年月にわたって最も大事にされてきた宗教的文書の一つと言ってよいでしょう。日本人の精神的な伝統を形作ってきた古典として、非常に大事な位置を占めるものと考えられてなりません。

この般若心経が説くところが「色即是空　空即是色」といった「空(くう)」に基づく基本的なものの見方です。我々は全てを確固とした実体＝「色(しき)」として認識してしまいがちです。しかし現代物理学の素粒子論を持ち出すまでもなく、まさに確固たる物体であっても分子・原子・素粒子のレベルで捉えることになると、「確固とした」とか「実体」と言ってみたところで、という感じにならざるをえません。流動的であり、実体が有るような無いような面があり、ということです。まさに「色（しき）」としか思えないものであっても「空（くう）」と言うべき実質を秘めている、と言っていいのです。しかしこれと同時に、何物も「空（くう）」である、実体がない、と言ってみても仕方ないのであって、現実の生活では、全てを実体であるかのように、「色（しき）」であるかのように見なしてやっていかなくてはどうにもならない、ということになるのです。

「色即是空　空即是色」は、我々の世界認識の無条件的な絶対性を覆すものであり、認識についての認識（メタ認識）の大転換を促すものではないでしょうか。これこそ確かなもの＝「色」と思ってきたものも、実は実体のないもの＝「空」なのです。そして、そうした「空」もまた「色」と異なるものではないのです。つまり、我々の世界認識は絶対的なものではないのです。だからこそ、自分自身の世界認識を基盤とし大前提として何事も判断せざるを得ない我々としては、最後まで自己責任を負うことが不可能になるのです。「色」と「空」は表裏一体である、といったメッセージが教えてくれる大事な点は、世界認識という我々の主体性の最も基盤となる面で、自己絶対視的な感覚の転換に導く可能性を持つところにあるのではないでしょうか。

我々の認識している世界が、実体のない「空」として見てもよい面を持っていることになると、そうした世界での勝負や利害、成功や失敗といった思いからも解放され、自由になります。「私が頑張って……」とか「あの地点にいきさえすれば……」という思いにも囚われなくてすむようになるのではないでしょうか。

歎異抄に学ぶ

もう一つ、「他力」思想が大切な意義を持っています。「自分の努力」「自分の責任」でがんじがらめになった感覚を相対化してくれる、まさに特効薬と言っていいでしょう。

「他力」の思想としては、これまで親鸞の教えが最もポピュラーな形で日本の民衆に浸透してきました。「もよおされて」行うという感覚への目覚めを訴えるものです。道元の表現を借りれば、「木石のような心に一陣の風が吹いて」関心が生じ、着想が生まれ、行為に導かれる、という事実への気づきです。これまで私の自己意識論で用いてきた言葉を使って言えば、意識下に潜む本源的自己が何かに感応し、意識の世界に関心や欲求や動機づけを生じ、夢や志などをもたらす、といった機微に目覚めることです。

こうした「他力」思想については、明治以降現代まで、日本社会では親鸞の弟子の唯円がまとめた『歎異抄』が多くの人に読まれてきました。この『歎異抄』は日本の宗教書の中で最も多く読まれてきたものと言われます。唯円はこの『歎異抄』の前文で、親鸞死後に宗門内に拡がった「間違った考え方」を嘆き、師の本当の教えを書き表したいとしています。どんなに悪人であっても、阿弥陀（あみだ）と呼ばれる大きな力に呼びかけ信頼して身を任せる気持ちにさえなれば（阿弥陀様！　お任せします！　という気持ちで「南無阿弥陀仏（なむあみだぶつ）」という念仏を唱えれば）救われるのだ、というくだりは特に有名ではないでしょうか。

いずれにせよ、この「他力」の思想で行けば、自分一人で頑張っているつもりでも実際には多くの人に支えられてやっている場合が多いこと、偶然の出会いという運命的なできごとが自分のその後の人生に大きな意味を持つ場合が多いこと、等々までも考えさせられるようになるはずです。そして、自己責任で自分の努力のみによって生きているのではなく、運命的な大きな力によって「生かされている」ことに気づくことによって大きな自己開放感を味わうことになるのではないでしょうか。

学校教育でも般若心経や歎異抄と親しませたい

現代の学校教育では宗教的なものをできるだけ回避しようとしています。しかしながら私は、宗教宗派を越えて日本の小学生や中学生には般若心経を何とか暗唱させたい、歎異抄も主要な部分については暗唱させたい、という願いを持っています。いずれもリズミカルな文体ですから、そう負担にはならないでしょう。そして何よりも、意味は十分に分からなくても、根本的な世界観に関わる言葉を小さな時から頭の中にストックしておくことは、後々になって自分の人生を歩んでいく上でも、また基本的な教養世界を豊かにする上でも、大切であろうと思うのです。

もちろん高校生や大学生になったら、般若心経や歎異抄の中核的な思想について、多面的に学んでほしいと願っています。般若心経で言う「色(しき)」について、また「空(くう)」について、先に述べたように相即的な形で考えてみてほしいものです。それによって、我々が普段見聞きしている世界、確固として存在し当てにできると思い込んでいる世界を、相対化してみなくてはならないのです。

『歎異抄』については、前文に続く第1条の「弥陀の誓願不思議にたすけられまいらせて往生をばとぐるなりと信じて念仏まうさんと思ひたつ心の起こる時、すなわち摂取不捨の利益にあづけしめたまふなり」という表現の仕方からして、ずいぶん説明を要する世界観です。阿弥陀様が人々を無条件で救済しようという大きな願いを持たれているわけですから、そこに信頼して依り頼む気持ちを念仏の形で示すだけで救って貰える、という神話的な道具立てをした上で「他力」の思想を説いているのだ、ということを若者達に十分理解させたいものです。宗教の世界とは、様々な形で神話を使ったり比喩を使ったりして奥深いところの見方や考え方を説くものである、という宗教思想そのものに関する理解を図っていくことも大切になるのではないでしょうか。

6　無常だからこそ

『方丈記』・『平家物語』などの古典に

ゆく河の流れは絶えずして、しかももとの水にあらず。淀みに浮かぶうたかたは、かつ消え、かつ結びて、久しくとどまりたるためしなし。世の中にある人とすみかと、またかくのごとし。……

鴨長明の『方丈記』冒頭の言葉です。日本人なら誰もが暗唱しておくべき古典であり、まさに名文中の名文と言っていいでしょう。時代は鎌倉時代、建歴2年（1212年）の著作とされています。

「流れていく河の水は絶えないように見えますが、常に入れ替わっていて、元の水ではありません。川面の淀んだところに浮かんでいる泡も、消えたりできたりして、永く留まるものではありません。世の中にある人も住居（すまい）も、これとおなじです。……」

こうした無常観は、『平家物語』の冒頭にも印象的に述べられています。これまた暗唱しておくべき名文中の名文として、誰もが認めるところではないでしょうか。この物語の成立も鎌倉時代、確実な時期は不明ですが『方丈記』からの引用も見られますので、その後であることは確かです。延慶2年（1309年）には成立していたことが知られています。

祇園精舎の鐘の声、諸行無常の響きあり。沙羅双樹の花の色、盛者必衰の理を示す。奢れる人も久しからず。ただ春の夜の夢のごとし。猛き者も遂にはほろびぬ。偏に風の前の塵に同じ。……

「祇園精舎の鐘が鳴るのを聞くと、この世の全ては定常的でなく絶えず変化していくという〈諸行無常〉の響きのように思われます。沙羅双樹の花の色を見ると、どんなに栄えている人でも必ず衰えが来る、という道理を示しているように思われます。世の中で豪勢な暮らしをしている人も、そう長続きするわけではありません。ちょうど春の夜に見る夢のようなものです。勢いの強大な人も最期には滅びてしまいます。風の前の塵と同じようなものです。……」

和歌にも歌い継がれて

こうした無常観は、鎌倉時代という実力闘争が基盤となった新興の武士の時代に特に色濃く見られますが、身分秩序の安定していた平安時代にも、すでに見られたものです。例えば平安時代の初期（800年代中期）、当代一の美女と言われた小野小町の歌にも、それが如実に伺えるのではないでしょうか。これは『古今和歌集』（905年）に納められています。

花の色は移りにけりな　いたづらに我が身よにふるながめせしまに

歌の意味は、「花の色も色あせてしまったなぁ、私自身もいたずらに世を過ごす営みを重ねていく中で色あせてしまった、花にとっては春の長雨もあったことだし……」といったものではないでしょうか。

時代を下って豊臣秀吉の辞世の歌として伝えられている次のような和歌も、無常観を土台としたものと言ってよいでしょう。ちなみに秀吉は慶長3年8月18日（1598年9月18日）に没しています。

露と落ち露と消えにし我が身かな　浪速のことは夢のまた夢

「自分自身のことを考えると、露のように生じ露のように消えていくのだな、と思われてなりません。浪速（なにわ）の都での天下人としての栄耀栄華も夢の中でのことのようです。」

こういった感慨は、まさに無常観の精華と言っていいのではないでしょうか。

日本社会では、庶民の間にも、無常観を日常的に教える歌が長年月ポピュラーだったことも見落とすことはできません。例えば、仮名を重複なしに網羅した「いろは歌」です。「いろはにほへと　ちりぬるおわか……」というものですが、ひらがなの手習いを学ぶために少なくとも平安末期の11世紀には用いられ、江戸時代になると日本各地の子どもたちに広く知られ、口ずさまれてきたと言われます。子どもたちは、意味を考えることなく機械的に「いろはにほへと」と口にしてきたかもしれませんが、この歌は元々次のような句からなっていたものです。

色は匂えど散りぬるを　我が世誰そ常ならむ
有為の奥山今日越えて　浅き夢見じ　酔ひもせず

この句の意味については色々と受け止めようがあるようですが、一応は次のように考えていいのではないでしょうか。

「匂い立つような美しい色の花も散ってしまいます。世の中の誰が不変でありえましょうか。奥深い山々に迷い込んだように儚いものに捉われ続けてきた私も、今日ここで目覚め、浅い夢や酔いにふけったままということのないようにしたいものです。」

あらためて言うまでもなく、これは仏教的無常観そのものです。涅槃経の中の無常偈、すなわち「諸行無常、是生滅法、生滅滅已、寂滅為楽」を説いたものと解されてきたりもしました。いずれにせよ、全ては移り変るということ、世間的栄耀栄華がはかないこと、そうした無常の世を越えたところに真の拠り所を見いだすべきであること、を説く無常観に、日本社会に生きる人達の世界観人生観は、庶民に至るまでいつの間にか浸透されてしまってきた、という事実をここからも窺うことができるでしょう。欧米的キリスト教の伝統が、「神の創った秩序の常住不変の絶対性」を強調してきたところとは異質のもの、と言ってよいのではないでしょうか。

「さりながら」を求めて

ただし、無常観そのものに浸り込んで、そこから出られなくなってしまっては困ります。「全ては儚い」ということになると、何もやる気が出てこなくなります。生きていく気力が失われてしまう、と言ってもいいでしょう。何とか「無常」を乗り越える、という姿勢なり、「あがき」なりが不可欠なように思うのですが、いかがでしょうか。私の場合、江戸時代後期、1800年代初めに活動した俳人・小林一茶の「露の世は」の句の最後の「さりながら」をどうしても思い出してしまうのです。

露の世や　露の世ながら　さりながら

という句です。一茶が57歳、文政2年（1819年）の折の俳句俳文を集めたという『おらが春』に収録されています。一茶は50歳を超えた晩年、江戸から故郷の信濃の柏原に帰り、やっと安定した生活を得ますが、長男、次男を生まれてすぐに亡くします。3番目に生まれた長女は無事に年を越したので、「這へ笑へ二つになるぞけさからは」という喜びの句を詠むのですが、秋になってこの娘も疱瘡（ほうそう）で亡くなってしまいます。その折に詠んだのがこの句です。

まさにこの世は無常、はかないものであることを、可愛い娘の死によって、一茶は嫌というほど思い知らされています。しかし、一茶は、「さりながら」をつけ加えてみているのです。もちろん、この世の全ては露のようにはかないものだということはよく知っている、しかしそれを知っていること自体、いったい何の価値が、何の意味があるというのか！　という嘆きの深さとして、この句を受け止めることはできるでしょう。しかし、その嘆きの深さを突き抜けたところに、「さりながら」として、「それはまことにまことにそうなんだけど」とした上で、「そう言っていてもなぁ」と、一茶は新たな一歩を踏み出そうとしているようにも思われるのです。

このことは、先に見た「いろは歌」の最後の言葉「浅き夢見じ、酔ひもせず」にもうかがえます。たしかに元々はかないものを不変の価値を持つものと信じて頼ってしまうのは浅はかなことです。だからといって、「はかなく」「うつりゆく」といった様相に見入って、それにまつわる情感に浸り込んでいるだけではどうにもなりません。「浅き夢」に浸り込むだけでなく、「酔ひ」に浸り込むだけでなく、次のステップに向けて新たに醒めた目で一歩を踏み出さなくてはならないのではないでしょうか。

弁証法的な言い方をすると、〈不変のものと信じて日常的な世界を生きている〉という「正（せい）」の見方を一度ひっくり返して、〈よく見てみると全ては移り変りはかないものだ〉という「反（はん）」の見方を獲得し、それをバネにして〈はかない世界ではあるが、それを前提に私はグイッと前進していくぞ〉という「合（ごう）」の世界に踏み込んでいく、ということになるのでしょうか。

いずれにせよ、全ては「露の世」でしかないのです。しかし、そこに浸り込んで感慨にふけっているだけでは、酔っ払いと同じです。やはり「はかなさ」の実感を踏まえ、それを大前提にしての「さりながら」が必要となるのです。その「さりながら」にどういう強い思いを込めるかが、まさに勝負ではないでしょうか。

7 義人ヨブの只管（しかん）に学ぶ

義人ヨブの不条理の物語

旧約聖書に義人ヨブを主人公にした物語があります。「ヨブ記」とか「ヨブの書」と呼ばれていますが、紀元前5世紀から紀元前3世紀頃の時代に、ユダヤ民族の教訓的な物語の1つとして書かれたものと言われています（新共同訳『聖書（旧約聖書続編つき）』日本聖書協会、2004）。

ヨブという人は申し分のないほど正しい人で、神を畏れ悪を避ける生活をし、多くの子供達に恵まれ、財産も莫大で、あらゆる面で繁栄して幸せな生活を送っていました。ところが、ある日を境に一転して次々と不幸が訪れます。

まず、長男の家で娘や息子達が集まって宴会をしている時に大風が吹いて家が倒れ、一家の若い人達が全て亡くなった、との知らせが入ります。その時にヨブは、立ち上がって衣を裂き、髪をそり落とし、地に伏して次のように言った、といいます。

私は丸裸で母の胎から生まれてきた、

丸裸でまた黄泉に帰ろう
神は与えたもう、
また神は奪いたもう
神の名は賛美すべきかな！
次々と悪いことが続き、家畜も全て死んでしまい、財産も全て無くなり、家族も皆死んでしまい、一人きりになったヨブ自身は重い病に罹ってしまいます。しかしそれでも神に対して一言も恨み言を言うことなく、心の中で罪を犯すこともなかったとされています。
そうしたヨブを人々は嘲笑の的とします。周囲の誰もが、「隠していたのだろうが、やっぱり何か悪いことをしていたから神の怒りに触れたのだ！」と言って非難の言葉を次々に浴びせます。そして貧窮と病の中で孤立した中でもなお毅然としているヨブに対して、最後には神自身までもが叱るように言うのです
自分の正しさを言い立てるな！
私が大地を据えたとき、お前はどこに居たというのだ！
天の下にある全てのものは私が創ったものではないか！
こうした神の言葉に対して、ヨブは次のように答えるのみです。
あなたは全能であり、御旨の成就を妨げるものは何もありません！
私は塵と灰の上に伏し、自分を退けます！
謙虚ながら毅然とした姿勢を貫いたヨブに対し、神は、最後にはまた以前に勝るほどの大き

な繁栄を与えたとされています。しかしながら、この最後の部分は、現代の研究によると、後代になって追加されたものという見方があります。善人で正義の人ヨブは、いささかも報われることなく、結局は極度な不幸の状態を死ぬまで余儀なくされた、ということなのです。しかしそれにめげることなく、「頭をきちんと神に向け、毅然として」一生を終った、というのが元々の物語だったという見方です。

紀元前5世紀にしても紀元前3世紀にしても、ユダヤ民族は異民族支配の下にありました。神との間に「与えられた律法に従った生活をする」という契約を結び、それを守っていきさえすればユダヤ民族の繁栄は約束されていたはずでした。しかしながら、義人ヨブの物語が創られた時期は、神に特別に保護され繁栄を約束されたはずの「契約の民」ユダヤ民族にとっては、まさに不本意な時期にあったことになります。だからこそ、こうした善因善果とは逆の不条理物語が創られ語られてきたのではないか、とも言われています。

イエスが十字架上で最後に叫んだ言葉

ここで思い起こされるのが、新約聖書の福音書に記された十字架上のイエスの最後の情景です。イエスは貧しい人や病人の側に立って、さらには社会的に差別され迫害を受けている人達の側に立って、彼らの苦しみの軽減のために不思議なことを行ったり、来るべき「神の国」について人々に教えたりしたと伝えられています。そして短い間に民衆の人気を博し、追随する人が大きく増えてきたので、ユダヤ人社会の指導者達も、またローマ帝国から派遣されユダヤ人達を支配していた人達も、イエスを危険人物と見て、結局は十字架刑に処したわけです。ヨブから5百年から3百年ほど後のことになりますが、当時のユダヤ人社会もまた、本来から言えば神の特別な保護の下で民族の繁栄が約束されているはずの自分達「契約の民」が、現実には異民族支配の下にある、という不条理な状況の点では同様であったと言ってよいでしょう。

新約聖書「マタイ福音書」の伝えるところでは、十字架に掛けられ、血を流し、死に臨んでいるイエスに対して、周囲に集まった人達は侮辱の言葉を次々と浴びせます。「神の子なら自分を救ってみろ。そして十字架から降りてこい！」「他人は救ったのに自分は救えないのか！」「神に頼っているが、神の御心ならば、今すぐ救ってもらえ！」等々といった嘲笑を含む言葉です。そうした中でイエスは大声で次のように叫んだと伝えられています。

エリ、エリ、レマ、サバクタニ（神よ、神よ、なぜ私をお見捨てになったのですか）

そしてイエスは、再び大声で叫んで息絶えた、と伝えられています。

このイエスの物語も、善人としての生き方を貫いてきた人であっても全く報われることのない絶望的な状況に陥ることを述べたものです。問題は、どうしてそういう意地悪い物語を後世に伝えようとしたのか、です。良いことをすれば良い結果がくる、悪いことをすれば悪い結果がくる、という単純な勧善懲悪の物語を後世に伝えた方がずっとよかったのにと、どうしても思ってしまうのですが……。

ヨブの物語もイエスの物語も、宗教ということでイメージされる世界の特別な話ではありません。人の世の極端な場面を取り上げての物語であるとはいえ、基本的には人が生きていく上で直面するかもしれない可能性についての話です。ただし、因果応報という合理的に考えやすい話とは正反対のものであって、まさに不条理を含んだものです。珍しいストーリーの立て方ということで、ヨブの物語については心理学者のユングを初め多くの人が取り上げて論じていますし、イエスの十字架上の死の意味、また「神よ、神よ」という死の間際のイエスの叫びの意味をめぐっても古来多くの人が論じています。

道元の「只管(しかん)=ひたすら」を思い起こす

ヨブの物語に代表される不条理の教訓は、たしかに現代的な感性では理解しにくいものかもしれません。しかし道元なら、「ヨブはそれでよかったのだ」と大きく頷(うなず)くのでは、と思ったりします。13世紀の日本に生きた道元は、只管打座(しかんたざ)(ただひたすら座る)という精神で座禅を勧め、その心で生きていくことを教えました。「座禅しても何にもならない、悟りを求めて、あるいは人格向上を求めて座禅するなど論外だ」という大前提に立って、座禅中心の生活と、そこから初めて見えてくる世界を教えたわけです。道元のこの姿勢は、ヨブやイエスの、まさに「只管(しかん)=ただひたすら」で生きる姿に通じるところがあるのではないでしょうか。

あれこれ考え過ぎないで、「これだ！」と思うことを一生懸命やっていくしかないのです。それでどうなるか、などといったことは神仏に任せておくしかないのです。人間の側からすれば、それ以外に方法はないのです。親鸞の言う「全ては阿弥陀様の計らいにおいて」生じる、自分自身の行為もまた「もよおされておこなう」ことでしかない、といった「他力」の思想もまた、結局のところこのことではないでしょうか。

学校で日々学びを続けている若い人達には、その将来に、自立した一人の大人として自分自身の責任でやっていかねばならない長い人生が待っています。そうした大事な準備の時期に、善人で正義の人ヨブの、「今・ここ」を損得抜きで、状況が良くても悪くても、毅然として、ひたむきさを保ち続けながら生きていく姿をどこかに記銘しておいていただきたい、と切に思わないではいられません。報われるためにやるのではなく、今ここでやるべきだと思うことを粛々とやっていく、といった強さです。

与えられた生命(いのち)を自分なりに生きていく道筋では、「不条理だ！」とどうしても叫びたくなることもないわけでないでしょう。叫びたい時には大声で叫んだらいいのです。しかし、いさかもヤケになってはなりません。弱気になってはなりません。何があっても頭を高く挙げ、胸を張って、時にはイエスのように、「神様！　あんたなぁ……」と天に向かって文句をつけながらでも、やっていきたいものです。

本当の人間教育とは、若い人達を、そうした只管(しかん)の人、損得勘定を超えた強靭な精神で生き抜く人、当面の課題に粛々と取り組み続ける人、に育てていくことではないでしょうか。

8 天命を信じて人事を尽くす

天命の認識・受容と主体的生き方と

「人事を尽くして天命に聴す（まかす）」という言葉があります。これは元々は12世紀初頭、中国の南宋初期の儒学者・胡寅（こいん）の『読史管見（とくしかんけん）』にある言葉です。しかし、今日では、「人事を尽くして天命を待つ」という言い方で広く知られています。自分の全心全力を尽くして眼前の課題に取り組む、しかしその結果の成否なり影響なりについては運命の手に委ねる、といった意味で用いられることが多いようです。

自分自身が主体的に思考し判断し行動して何かを実現するという「自力」の思想と、天命なり運命なりといった自己を大きく越えた力なり動きなりに任せて生きるという「他力」の思想の双方を、一個人において総合しようとする考え方と言っていいでしょう。人間教育の究極的に目指すところとして、こうした「自力」と「他力」を統合した生き方について自覚を深め、それを踏まえて積極的に物事に取り組み、成否を考えることなく大らかに生きていくことが、重要な課題となるのではないでしょうか。

ただし私自身は、「天命を信じて人事を尽くす」という言葉でこのことを考えたい、と以前から機会あるごとに言ってきました。自分自身に与えられた生を自分の責任で生きていくという「主体性」そのものを強調すると同時に、そうした自己の「主体性」の発揮そのものも今ここで自己に与えられた大きな「天命」のままのものである、という認識なりが必要ではないか、ということからでした。つまり、その時その場の「主体的」な判断なり行為も基本的には「天命にもよおされて」のことであり、「主体性」も大きな運命のその時その場なりの具体的現れである、という「自力と他力の相即」を、より的確な形で示したいということなのです。

いずれにせよ、帰着するところはそうした心境で頑張るような人間になっていきたい、ということなのですが、その地点に本当に行き着くまでには、自分の内側にひそむ様々な思いとも闘う必要があるでしょうし、また自分自身が現に生きている社会の動向やイデオロギー的価値観とも闘わなければならない場合があるでしょう。

既成秩序への追従と個の自立の追求と

例えば欧米の歴史を辿ってみますと、古典的なキリスト教思想が人々に一面的な「天命」依存の「他力」思想を強いてきた長い時間的経過に目が行きます。特にルネッサンス期以前のキリスト教は、「モーゼ教的」と呼ばれることがあったように、前身のユダヤ教の影響を強く保持し、神からの啓示によって与えられた（天与の）秩序に従って生きることを強調してきました。ユダヤ教的に言うと、律法という形で与えられた規範は神との「契約」であり、それに従うことによって民族としても個人としても「神に義と認められる」ことになるわけです。この発想の下に、そうした啓示的秩序に参加を許された者は基本的には選ばれた者（選民）であることにもなっていたわけです。これと基本的には同じ天与の規範や世界観の体系が、キリスト教初期から中世までヨーロッパ世界を支配したイデオロギー的前提だったわけです。

こうした社会では、結局は統治者や宗教的指導者が「神の代理人」として人々の言動を指導することが当然視され、個々人には自分の判断と意志で行動すること、それを通じて自分なりの夢や志を追求すること、といった主体性を発揮する機会が封じられたままになってしまいます。権力者の想定する天与の秩序に反した言動というだけで、異端宣告されて火あぶりにされるか、破門宣告されて追放されるか、といった極刑を覚悟する必要があったわけです。

こうした天与の秩序体制に対する大きな揺さぶりと転換が、13世紀末から15世紀末にかけて、（イスラム圏からの文化的衝撃として）古典的なギリシャ・ローマの芸術や思想・哲学の復興（ルネッサンス）という形をとって、西欧諸国に生じたわけです。そこでは天与の秩序ではなく、自分自身に現存する感覚や発想、認識が重視され、自らの内なる理性を信頼し、自らの知性を武器として、自らの責任で思考し、判断し、それを基に行動することが大事にされました。「自力」思想への転換が生じたと見ていいでしょう。

そうした中でカトリック教会の持つ伝統的な権威に判断を委ね、その指導を全面的に受け入れる、といった旧来の精神的秩序も大きく揺らがざるをえなくなり、宗教改革ということでプロテスタント各派が勃興していったわけです。こうしたプロテスタント各派は個々人自ら聖書に親しみ、そこに展開されている初期キリスト教の思想を旨としつつ自分自身に忠実な生き方をしようとしたわけですが、それは社会的には果敢な反権威主義＝プロテスタンティズムとしても展開していくことになりました。

これと同時に、残されたカトリック教会の側でも、イグナチオ・ロヨラを中心としたイエズス会のインパクトある動き等によって内部改革が進み、プロテスタンティズムに十分対抗できる新たなカトリック的「自力」思想の芽が育っていった、と見ていいでしょう。

今となって西欧諸国のルネッサンスから宗教革命、産業革命、そして地球規模の植民地獲得競争、といった様相を点検してみるならば、その中に、それを貫く「個の解放と自覚」「個々人の主体性の重視」という人類にとって素晴らしい前進と呼べる点があったと見てよいでしょうし、その意味では高く評価できる動きであったと言えるでしょう。しかしながらこれと同時に、自らの信ずるところのみを真なり善なりであるとして他にもそれを押しつける独善と唯我独尊が強固にはびこっていったこと、さらには自分達の信じる価値秩序に反する人達や地域は力ずくで従わせるといったネガティブな面を持っていたことに対しても、十分な目配りが必要となるでしょう。西欧流の「民主主義」や「人権思想」を文化的基盤の異なるアラブやアフリカ、アジアの諸国に現在でも一方的に押しつけ、てんとして恥じない欧米諸国の態度など、その典型ではないでしょうか。

いずれにせよ、近現代の地球全体の人類社会が、全体として、こうした西欧キリスト教世界の「自力」思想の影響下にあったことは否定できないのではないでしょうか。この欧米的「自力」思想は独善と独尊の拡大再生産を生み、西欧以外の諸民族諸文化を含め人類文化全体を、相互支援に基づく共生共存的なものでなく、弱肉強食的な面までを含む低次元な「競い合い」の色彩の強いものにしてしまったことは、非常に残念な展開であったと言っていいでしょう。

個の自立を大きな天与の地盤に立つものとしてとらえたい

個の自立や主体性の強調が独善や独尊を生み、異質な面を持つもの同士の共存や共生を阻害するものになる場合がある、といった反省は、少なくとも20世紀初頭から、思想、宗教、芸術、政治などの各領域で様々な形をとって現れてきています。キリスト教やイスラム教や仏教などといった宗教的教派にこだわらない様々な形でのスピリチュアリズムの流行も、こうした動きの一環と見てよいでしょう。もちろん、これと同時に、宗教的精神的な面への関心低下に支えられた「世俗主義」も拡がり、目先の損得のみで動いて当然といったネガティブな風潮も拡がっています。

こうした中で、個の自立をそれだけとしてではなく、大きな天与の秩序と関わらせて捉えようという動きが様々な形で出てきています。心理学者のユングが、個々人の意識世界を支えるその人自身の無意識世界の土台に、人類の原始時代からのものとも言える普遍的な無意識世界が存在することを強調したことも、こうした基本認識に関わらせてとらえることができるのではないでしょうか。私自身の自己意識論の言葉を用いれば、無意識世界に潜む「本源的自己」

が時々刻刻の意識世界の在りようを左右しており、その「本源的自己」の土台にユングの言う普遍的無意識が存在する、ということになります。いずれにしても、「私の思い」を私だけの閉ざされた世界での出来事としてとらえるわけにはいかないのです。

また、個の自立や「自力」の強調が独善と独尊に陥らないように、という動きが、様々な形で展開されてきたことへの注目も大事でしょう。例えば、１９６０年代初頭に世界各地のカトリック教会指導者を集めて開催された第２バチカン公会議と、それに基づく抜本的なキリスト教刷新運動も、こうした動きの中で大きな意味を持つものと言えるでしょう。この公会議の宣言では、「真理」は異なった文化の中では異なった形で表現される、ということが強調されています。特定の宗教的教派なり政治的党派なりが最終的な「真理」を握っているわけではない、ということです。これは誰をも、どの集団・組織をも特権的な存在にしないという宣言であり、同時に異質な面を持つように見えるもの同士の底流に共通の何かが流れていることの確認です。個人や集団・組織が互いに平等互恵の関係で共生・共存するための基本原則として必須の重要な認識でしょう。

さらには、１９８０年代にヒックの宗教的多元論『神は多くの名前をもつ――新しい宗教的多元論』（間瀬啓允訳、岩波書店、１９８６）が欧米諸国でベストセラーになったことも、こうした動きが現代社会において拡大していることを伺わせ、喜ばしいことと言っていいのではないでしょうか。

いずれにせよ、これからの人間教育の必須のポイントとして「天命を信じて人事を尽くす」

ということを大事にしていきたいものです。個々人に主体的な努力を促すと同時に、「天命」に思いを致すことでその主体的姿勢を開かれた「他力」的なものにしたいものです。こうした「自力と他力の相即」の姿勢の大切さを子供達や若者達に認識させ、日常的な実践となるようにしていきたいと強く願っています。これこそが真の意味での個の尊重と共生を原理とする社会の建設にも繋がるのではないでしょうか。

教育に関わる全ての人達が、こうした人間の在り方の実現を目指して頑張っていくようになってほしいと、心から願っています。

9　品格ある日本人の育成を

豊かさ故の精神的弛緩と慎みのなさ

日本社会のグローバル化は、これから一層進展していくでしょう。他国の人達との交流と共生が盛んになればなるほど、日本の若者達が、いや日本人全体が、恥ずかしくない姿であることを、尊敬に値する姿であることを、心から祈らざるを得ません。しかし現実の姿は、はたして大丈夫なのでしょうか。

日本の社会は、平均的に言えば、非常に豊かになっています。国民一人当たりのGNP（国内総生産）は世界有数の水準にあり、地球上の多くの国や地域の追随を許さないほど高いものになっています。しかし、こうした経済的な豊かさは、日本人の精神的な水準の向上に貢献していると言ってよいのでしょうか。例えば、多くの庶民が非常に貧しい暮らしを強いられていた100年余り前の（明治後期から大正時代の）人々に比べて、現在の日本人は人間としての品格あるいは品位が向上していると言ってよいのでしょうか。

人の目も気にせず場所柄も気にしないで自分のやりたいことをやりたいようにやる慎みのな

い言動が少なからず見られます。過度の欲望追求と自己主張と言わざるを得ない姿が、社会の至るところに見られるのではないでしょうか。こうした現代的風潮の象徴的な現れが、連日のようにマスコミをにぎわす、自分の子どもを苛めて死に至らしめる親、子どもまでをターゲットとした通り魔的な犯罪、教員や警察官など本来社会的信頼の上に成り立つ職にある人による種々の破廉恥な行為、等々ではないでしょうか。

テレビやＳＮＳなどの発達・普及によって、日本の社会そのものが巨大な劇場と化しています。食べるものも着るものも住むところも、さらには読む本や聞く音楽までもがファッションと化し、政治でさえもその時々の派手なパフォーマンスで人々の耳目を惹くショーとなっています。そうした中で、現代日本人の一人一人が自分の信念も価値観も目標も欠いたまま、テレビや新聞やネット情報に踊らされ、翻弄されている感があります。一人一人は自立した個でなく、流され浮遊しているワン・オブ・ゼムであり、その集合としての大衆社会がまさに現出していると見てよいのではないでしょうか。

社会が豊かになり、人々の生活に余裕を生じた中で、精神的弛緩とその日暮らし的安易さが生じ、人々の付和雷同性と軽佻浮薄さが強く現れていることは、非常に危険な面を孕んでいます。帝政ドイツの崩壊後の１９１９年に制定された民主的なワイマール憲法下で、ヒットラー率いる全体主義的なナチスが頭をもたげたのです。我が国でも個人の自由を高らかに謳う大正デモクラシーに浮かれる中で右翼文化人や軍部が台頭し、１９３６年の二・二六事件を、そしてその後の軍国主義的風潮をもたらした歴史的事実を決して忘れることはできません。

大正12年（1923年）9月の関東大震災から2ケ月ほど経った11月10日に大正天皇の名で出された『国民精神作興ニ関スル詔書』には、次のように言われています。

「輓近学術ますます開け、人智日に進む。然れども、浮華放縦の習ようやく萌し、軽佻詭激の風もまた生ず。今に及びて時弊を革めずんば、あるいは前緒を失墜せんことを恐る」（一部かな使い等を改める）。

ここで指摘されている憂うべき状況は、現代社会でそのまま、大きく悪化の道を辿っているのではないでしょうか。「時弊を革め」ることを今こそ本気で考えるべきではないでしょうか。

慎み＝自己統制のメカニズム

豊かさそれ自体は良いことであり素晴らしいことです。豊かさに流されず、豊かさを主体的に使いこなす強靭さと内的メカニズムが個々人に備わっていさえすれば、豊かさは個々人の人生を充実させ、自己実現に向かわせるための有力な手段を準備してくれます。

こうした可能性を現実のものとするためには、個々人のあり方が真の主体性を持つものにならなくてはなりません。これは意識面での変革にとどまるものでなく、人格全体の変革、言い換えるなら「欲求・欲望」を満足させるメカニズムそのものの変革、が不可欠となります。「欲求・欲望」満足のメカニズムについては、その主要なポイントをここで確認しておくことにしたいと思います。

まず人は意識的無意識的な「欲求・欲望」の塊としてとらえることができます。「欲求・欲望」とは何よりもまず生命力であり、別の表現をすれば煩悩です。この「欲求・欲望」をストレートに満たすべく、そのまま行動に移すことを「快楽原則で動く」と言うことがありますが、これは周囲の人や事物と軋轢や衝突を引き起こすことになりがちであって、よほど周囲の状況に恵まれないと実際にはやっていけません。そのため何らかの形で「欲求・欲望」をコントロールし、方向づける働きが必要となります。これが「自己統制力」ということになります。

こうした「自己統制力」が慎みということになるわけですが、この力を発動させるに際しては2つの違った方向づけがあります。一つは「現実検証力」で、周囲の状況や自己の立場、場所柄等々を見てとり、それに最も適合した形で「欲求・欲望」を実現しようとする方向づけです。もう一つは「価値志向力」で、自分のその時その場の現実的利害を超えてでも真・善・美・聖などの価値を実現したいという方向づけです。「現実検証力」が強く働く形での自己統制の場合は「現実原則で動く」と表現したりしますが、現実の諸条件に適合した形での（その意味で妥当な）言動に人を導くことになります。他方、「価値志向力」が強く働く形での自己統制は「価値原則で動く」と表現したりしますが、現実的な利害得失よりも価値の追求を優先させる理想主義的言動に人を導くことになります。こうした2つの「自己統制力」を踏まえた上で、現実原則も価値原則も超越する形で自分自身を大きな力に委ねていく、という他力的で大我覚醒的な自己対応ができるようになるのが理想ではありますが……。

自己統制に関わる内的メカニズムの弱体化

いずれにせよ、豊かで寛容な現代社会に見られるのは、まず「欲求・欲望」の肥大化です。マスコミを通じて、さらには多様な商品やサービスの宣伝広告を通じ、常に新たな「欲求・欲望」が喚起されているのが現代人です。これをコントロールするには、よほど強力な「自己統制力」が必要となることは、改めて言うまでもありません。ところが、この「自己統制力」が、現代社会では、幼児期から今日にまで至る長い生活経験の中で育成され難い状況となっています。「やりたいことを、やりたい時に、やりたいようにやる」という「快楽原則」が是とされがちな風潮の中では、自分の「欲求・欲望」を抑制し、我慢をする経験が乏しいままになります。さらには、社会そのものが豊かで寛容になっていますから、貧しかった頃に比べて自分の「欲求・欲望」をそのまま充足しやすくなっています。こうした状況では、肥大化した「欲求・欲望」を人の目も周囲の状況も気にすることなくストレートに充足しようとする風潮が強まるのも当然でしょう。

さらに言えば、「自己統制力」を方向づける「現実検証力」の育ちの上でも、子供達が実物の事物と触れ合う機会に乏しいという問題点があります。草や花や虫や魚や小動物と毎日接して遊んでいた貧しい時代と子どもの生活の内実が根本的に変化しています。子どもの周囲に現実にあるのはゲームやテレビやインターネット画面です。こうしたバーチャルな映像との接触を続けていくと「現実検証力」が歪んでしまうことは、さまざまな研究によって実証されています。子供達が群れを作って遊ぶということが無くなったことも、「現実検証力」の育ちの点で問題をもたらしています。子供同士が小さな諍いを重ねながら一緒に遊ぶことを学んでいく中で、対人的社会的な「現実検証力」が育ってきたわけですが、そうした機会も現代の子供からは奪われているのです。

「自己統制力」を方向づけるもう一つの「価値志向力」も、現代社会では決定的に弱化しています。自分の「欲求・欲望」を抑えてでも、あるいは断念してでも、大事にし、追求すべき真理とか善とか美とか聖とかが存在する、ということすら学ぶ機会がまったくないまま成人していきます。そして大人が作っている社会にも、そうした自己超克的な価値を前提とし、大事にしようという風潮は皆無と言ってよいのが現実でしょう。現代社会は価値観の点できわめて寛容であり、無原則的であり、放任的です。それが確かに、人々の間に精神的な自由と解放感をもたらしている点は評価しなければならないにせよ、個人的利害を超えた人類普遍の価値が存在していること自体に無頓着であることは、大きな問題です。心静かに深く自省してみれば、誰の内面にも、その奥に真・善・美・聖などの価値に触れて深く揺さぶられ、そうした価値を希求する気持ちがあるはずです。しかし残念なことに、そうした点について無理解無関心な風潮の中で、子供も大人も価値に関わる実感や内的体験を欠いたまま毎日を過ごす日常になっているのです。

克己と慎みに裏付けられた品格を

こうして見ていくならば、現代人に見られがちな品格のなさ、慎みのなさ、等々といった憂うべき姿に対しては、単なる対症療法ではなく、「欲求・欲望」の自己統制に関わるメカニズムのあり方全体を視野に入れた対応策が必要であることが明らかとなります。とりわけ、社会全体の気風を、気楽さを求める安易なものから、自省自戒を常に求め、当面する苦労の中にこそ精神的な充実感を求めるものに変えていきたいものです。

克己の精神と慎み＝自己統制の意義を、現代日本社会の基本的豊かさの中でこそ、ことあるごとに再確認していくべきではないでしょうか。

10　和魂人類才を目指して

人類共同体における個別の伝統・文化の問題

今の時代は、自分が生まれ育ち、生活している国のことを考えていればいいというわけにいかなくなっています。２０２０年、２０２１年と世界中をパンデミック（感染爆発）に巻き込んだ新型コロナウイルス感染症（ＣＯＶＩＤ-19）の状況を見るだけでも、まさに世界は一つということを痛感させられます。

発生したところが中国だったのかどうか分かりませんが、あっという間に世界各地に広がりました。アメリカやブラジル、ペルー等で非常に多くの感染者を、そして死者を出しているだけでなく、インドや東南アジア諸国でも、イギリスやフランスやイタリアやスペインでも、またロシアでも、さらにはアフリカ諸国でも大変なことになりました。強力な伝染病が発生すると、あっという間に地球上の全部の国を巻き込んでしまいます。こうしたパンデミックへの対応にしても、感染防止のための人々の交流制限も、ワクチンの開発・供給と人々への接種も、国境を超えた形での連携と協力を余儀なくさせられています。

こうしたグローバル化の背景には、物や情報の国際分業的な生産と交易が今や不可欠になっているという事情があります。これに伴って、国境を超えて日々多くの人が情報交換を行い、互いに接触し、協力協働を進めています。基本的には地球上の人類全体が、それぞれの属する国や民族を超え、国境に関わりなく活動するというグローバル時代が今や本格的なものになってきていると思わざるをえません。こうした中で、人とのつき合い方や生活様式、思考様式など各国各民族固有の伝統や文化が互いに接触し合い、交流していかざるをえなくなっているのです。

しかしながら、こうした人類共同体に向かう動きと同時に、それぞれの国で今回のコロナ禍に対する対応にしても何かが少しずつ違うことにも気づかされます。どの国でも同じように、人と人との接触を少なくしようとして、街や地域を封鎖したり、飲食店や商店などの営業を制限したりしていますが、その具体的なやり方や、それに対する人々の反応の仕方が、やはり各国で違っています。大きく言うと今回のコロナ禍の世界的な大流行で、共時的な意味でのグローバル化を再認識させられましたが、これと同時に、そうした状況に対する対応の仕方が、政府の側でも、民衆の側でも、それぞれの国や地域の過去からのしがらみや固有の伝統・文化の影響で異なっていることも再認識させられたのではないでしょうか。

現在の人類社会全体の動きを見るとき、共時的な面からは「世界は一つ、人類はみな兄弟」ということを痛感し、再確認することができます。しかしこれと同時に、同じことについても国や地域で対応の違いがあり、それが感染者数や死者数にも現れているという通時的歴史的な、各地の固有の伝統や文化の現れをも痛感せざるをえないのです。

優れた国の伝統や文化を学ぶだけでいいのか

共時的な面については、新たな知見や技術を求めて広く世界に学ぶことが一層必要になっています。通時的歴史的な面については、自分の生い育った地の伝統や文化を学んで自分自身を深奥から動かしているものを知り、そうした自己認識の深まりと自覚に基づいてしっかりした主体性を確立しなくてはなりません。現代日本人の場合、前者についてはかなり意識的に努力しているとしても、後者についてはこのままで大丈夫と言えるのか、といった問題がないわけではありません。

日本は巨大な中国文明の周辺に位置し、そこから様々なものを取り入れながらやってきた歴史を持っています。このため外来の「偉大な」伝統や文化を崇拝し、それをそのまま取り入れて我が物にするという風潮を強く持っています。いわば、いつも優れた外国から最新の衣装をいち早く手に入れ、自分自身の背格好や好みは棚に上げたままそれを着用して得々としている、といった傾向があったわけです。

もちろん外来のものの取り入れに目を奪われていた時期においても、これだけではまずいぞ、という声がなかったわけではありません。例えば江戸時代、学問といえば儒学のこと、中国の古典の学びのことだったわけですが、本居宣長などは、それに対して異議ありという声を挙げています。日本にも『日本書紀』や『古事記』といった古典がある、四書五経といった孔孟の学だけではなく日本の古典を学ばなくてはならない、と主張したわけです。しかし、江戸幕府の公式の考え方は、朱子学をはじめとする孔孟の学だけが学問であって、そうした本当の学問以外のこと、例えば日本の古典のことなどは、余力があれば繙（ひもと）いてみてもいいが、くらいのことでしかなかったのです。

そういう中で、本居宣長など国学の人達は根本的な発想の転換を主張し、「和魂漢才」の必要性を強調しました。確かに中国の古典をはじめ優れた中国の文化に学ぶのは大事なことだけれども、それを学ぶ主体の側に、和魂という日本の伝統や文化に根差した背骨がきちんと備わっていなくてはどうにもならない、と言ったわけです。

同様のことが明治維新の前後からも繰り返されます。幕末から明治にかけて滔々と欧米の文化が日本に流れ込みます。それによって日本は富国強兵を進めていかないと、軍事の面でも産業の面でも立ち遅れたままになって独立国として立ち行かなくなる、といった危機感からでした。このため優れた欧米の伝統や文化に学び、日本社会の欧風化を進めようという流れになったわけです。ほんの短期間で男性は頭のちょんまげを切って洋風の髪かたちになりました。着るものも和服を脱ぎ捨てて洋服になりました。生活習慣も起居振る舞いも、欧米の風習を取り入れました。そして、欧米から輸入した学問を消化吸収する、つまり横文字を縦文字にするのが学問だということになりました。

そういう中で、日本人としてのアイデンティティはどうなるのか、という疑問を抱いた人もいました。こうした欧風化の流れでいったら、本来の日本人なり日本社会なりが消えていってしまうのではないか。長い年月をかけて大事にしてきた日本の伝統や文化が雲散霧消してしまうのではないか。そうした危惧だったわけです。ご承知のように近代においては、15~16世紀の大航海時代以降、強大な欧米の力がアジア諸国に及んできた中で、国の独立を保つことができたのは日本とタイくらいしかなかったわけです。あとは植民地になるか、半植民地になるか、だったのです。広大なアジアの諸国はみんな、欧米の巨大な力の前に、ある意味では屈服してしまったのです。

そういう中で、日本の目覚めた人は「和魂洋才」ということを言い合ったわけです。確かに軍事的にも産業的にも大きな格差がついている。そういう強大な欧米諸国との付き合いを盛んにし、いろいろなことを学ばなければいけない。しかし、こうした学びを進める上での基盤として、日本の伝統や文化をきちんと学んで、和魂と言える精神的基盤を十分に養っておかなくてはいけないということです。江戸時代の「和魂漢才」に替えて、明治維新前後からは「和魂洋才」が大切、と言われたのです。

和魂漢才・和魂洋才から和魂人類才に

そういう日本の歴史的な経過を見ると、今や欧米からだけでなく世界中から学んでいかねばならない時代です。例えば、IT（情報技術）の最先端の知見や技術は、何についてもアメリカやヨーロッパがトップということではありません。例えば中国が、台湾が、そしてインドがすごい勢いです。欧米からだけではなく世界各国の科学技術や学問研究から、各民族の文化的な智恵から、学ばなくてはならなくなっているのが現代なのです。

ただし、グローバルな時代になればなるほど、学ぶ主体の側に、日本人の場合なら和魂が、きちんと備わっているかどうかが問題になります。そういう意味で、今や「和魂人類才」の時代になっているのです。「和魂漢才」の時代が終わり、「和魂洋才」の時代が終わり、「和魂人類才」を考えなくてはならない時代なのです。

優れた高度なものが世界各地にあります。各分野それぞれで最高レベルのものが地球上の多くのところに現れています。学ぶ主体の側をよほど強靭なものに育てておかないと、世界各地の高度な優れたものを学んでも、借り物のままに終ってしまうことになります。

私はこれまで、「実感・納得・本音」ということを強調してきました。頭の先っちょで学ぶだけでなく、生きて働かせることのできる知識や技能を得るためには、学びの主体が大切になります。学びの主体があやふやでは、有能な人材、便利な「駒」にはなれますが、自立した主体的な「指し手」にはなれません。優れた科学技術や学問の成果を身につけ、良い働きをしてもらうのは望ましいことですが、主体性のない「駒」になってしまってはどうにもならないのです。

「和魂人類才」の時代においては、日本の伝統や日本の文化からの学びに励んで、それを自分自身の血肉に生かすようにしていかなければなりません。自分自身の深部に眠っている日本人としての感性や志向を活性化し、磨いていかなければいけないのです。そうした土台を踏まえて、これはどうしてもこういうこととして受け止めざるを得ないという実感、これはなるほどこうなんだという納得、これはどうしてもこれでやっていかなくてはという本音を基本に世界各地の多様な優れたものを学んでいかなくてはならないのです。

日本の伝統・文化の教育とは、日本にも昔からこういう面白いもの変わったものがあるから学んでみよう、といった話ではありません。主体性の根っ子となる和魂の教育なのです。グローバル化の時代だからこそ自分なりの拠り所のないデラシネ（フランス語で故郷を喪失した人／根無し草）になってはならないのです。

現代の日本社会に生きる私達は、まさに「和魂人類才」を目指して努力すべきだということを、よくよく認識しておくべきではないでしょうか。

エピローグ　育成すべき不易の人間力とは

「〈Society 5.0〉時代への対応」といった発想でよいか

令和の時代を迎えた現代には、まさに現代ならではの教育課題が存在することは十分に認識しておかなくてはなりません。例えば、高度な科学技術の急速な進展への対応です。具体的に言えば、〈Society 5.0〉時代に対応する教育の在り方、そこで求められる人間像が、内閣府や文部科学省から繰り返し言われています。こうした課題をどう考えていくかです。

ちなみに〈Society 5.0〉とは、狩猟社会、農耕社会、工業社会、情報社会に続いて到来する社会であり、ＡＩ（人工知能）技術に支えられた社会であるとされています。そこではＡＩの発達によって、従来の仕事の多くがその内容を大きく変化させ、社会生活の基本的なあり方も変わり、人々の働き方も生活の仕方も大きく変わっていかざるをえない、ということが強調されています。そして、次のような基本的な方向で教育していくことが必要だとされています（「Society5.0 に向けた人材育成～社会が変わる、学びが変わる～」Society5.0 に向けた人材育成に係る大臣懇談会 ２０１９年6月5日）。

◆新たな社会を牽引する人材
○技術革新や価値創造の源となる飛躍知を発見・創造する人材
○技術革新と社会課題をつなげ、プラットフォームを創造する人材
○様々な分野においてＡＩやデータの力を最大限活用し展開できる人材　等
◆共通して求められる力
○文章や情報を正確に読み解き対話する力
○科学的に思考・吟味し活用する力
○価値を見つけ生み出す感性と力、好奇心・探究力

確かに、こうした点はこれからの学校教育において大事にしていくべき重要な課題と言っていいでしょう。しかし本当は、もっと根本的かつ総合的な形で、「人間力＝生涯にわたって人間らしく生き抜いていく力」の育成を考えていかなくてはならないのではないでしょうか。「Society5.0に向けた人材育成」ということで考えていくことに潜む最も大きな弱点は、「社会に出てからうまくやっていけるための資質・能力を身につけさせる教育」という発想しかないことです。簡単に言えば「社会のための教育」という発想から抜け出せていないのです。つまり「人間としての充実した生を全うしていくための教育」という発想が希薄なのです。

もう少していねいに言えば、教育は本来、「この世に生を受けた一人の人間として、社会でもうまくやっていけると同時に、自分自身の人生をも充実した形で全うしていけるために必要な資質・能力を身につけさせるためのもの」でなくてはなりません。この意味で〈我々の世界

を生きる力〉の育成だけに留まるのではなく、その基底にあるべき〈我の世界を生きる力〉の育成について考えていかなくてはならないのです。

OECDの「キー・コンピテンシー」の考え方はどうか

もう一つ、これからの教育の理念的な目標として語られることの多い「キー・コンピテンシー」についても、ここで簡単に見ておくことにしたいと思います。

OECD（経済開発協力機構）では、1997年末に「コンピテンシー（資質・能力）の定義と選択（DeSeCo）」の研究プロジェクトを開始し、2003年に最終報告を発表しました（邦訳は、立田慶裕〔監訳〕『キー・コンピテンシー――国際標準の学力をめざして』明石書店、2006）。この報告では、これからの教育にとって各国共通に目標とされるべきものとして「キー・コンピテンシー（必須の資質・能力）」が強調されており、2000年から開始されたPISA国際調査でも、これが概念的な枠組みになっています。ここで「キー（必須の）」と呼ばれて強調されている資質・能力は、次の3つの基準から選ばれたものです。

(1) 人生の成功や社会の発展にとって有益なもの
(2) 様々な文脈における重要な課題に対応する上で必要なもの
(3) 特定の専門家でなく全ての個人にとって重要なもの

こうした視点に基づいて選ばれ強調される「キー・コンピテンシー」は、以下の3つの領域にわたるものとされ、典型的な3つの力がそれぞれの領域ごとに例示されています。

◆社会・文化的、技術的ツールを相互作用的に活用できる資質・能力
○言語・シンボル・テキストを活用できる力
○知識や情報を活用できる力
○テクノロジーを活用する力
◆多様な集団において人間関係を形成できる資質・能力
○他人と円滑に人間関係を構築する力
○協調する力
○利害の対立を御し解決する力
◆自立的に行動できる資質・能力
○大局的に行動できる力
○人生設計や個人的計画を作り実行できる力
○権利、利害、責任、限界、ニーズを表明できる力

これは、先に挙げた〈Society 5.0〉時代を展望しての教育目標よりは、目配りが広くなっており、新しい時代に向けての教育が目標とすべきところの核心を、かなりの程度まで指し示すものとなっています。とりわけ、〈我々の世界を生きる力〉だけでなく〈我の世界を生きる力〉に関わる点が、「人生設計や個人的計画を作り実行できる力」という形で注目されていることは評価できます。しかしながらここにも、「総合的な人間力」の基盤となるべき「人間としての育ち」を実現する上で大事な点の見落としが残っているように思われてなりません。

「人間としての育ち」として本質的な教育目標とは

一人の人間としての育ちを考える上で、最も重要なのは次の3点ではないでしょうか。

(1)［強靭な主体性の確立］。安易な迎合・同調を避け、自分の価値基準を磨き、その基準に照らし合わせて自分の責任で考え、判断し、発言し、行動することを心がけ、その方向に向かって常に自分自身を律していけるようになること。

この点こそ、家庭でも学校でも社会でも、子供達や若者達が責任ある一人前の人間として育っていく上で最も期待するところでしょう。こうした主体性を実現していく上では、自分自身で何かの課題意識を持ち、何かを企画し、それを実行していく中で常に評価しつつ軌道修正を図り、その上でまた次のステップに進んでいく、といったPDCA的な取り組みを土台としたアクティブ・ラーニングの積み重ねが大事な意味を持つことは、あらためて言うまでもありません。また、生活のあらゆる場面において、自分自身の実感・納得・本音の世界を大事にし、常にその地点に立ち返って考え、判断し、行動する、といった習慣づけを図っていくことが、根本的な重要性を持つものと考えられます。

(2)［深い共感協働性］。他の人の悲しみや喜びを我が事として悲しみ喜ぶアガペ的な愛に支えられた基本的な共感性と協働性を身につけていくこと。

これは仏教で言う「慈悲」であり、イエスの最も強調した「他人を己のごとく愛する心」です。これを抜きにして、単に他の人と上手くやっていくための協調性が身につくだけでは、異質な人々が共に手を取り合って生きていかねばならない社会において永続する真の「共生」を実現することは不可能でしょう。「一人一人の違いを違いとして尊重し合う共生社会」の実現は、こうした「慈悲」なり「愛」なりを大前提としなくてはならないはずです。これを実現していくためには、互いに相手を尊重し合いながら、表面的な種々の違いを乗り越えて人間として共有する思いやこだわり、喜怒哀楽について感受できるよう自らの感覚を磨き、そこに深く共感していける能力を高め、それを基盤として寄り添っていこうとする気持ちを育てていく修練が不可欠でしょう。

(3)［本源的自己への立脚］。自分自身の実感・納得・本音の世界を初めとした内面世界に対して常にこだわりを持ち、そこへの立脚に努めると同時に、本源的自己とも言うべき意識下の渇きや促しを、夢や願い、志として追求していくこと。

このことは、自己の生命の具体的な機能実態に気づき、そこに深く根づくことに努めることであり、また、そうした形で与えられた自己の可能性をとことん追究したいという意欲を持つことでもあります。これは、道元の言葉を借りれば「万法に証されて（『正法眼蔵』の「現成公案」）自己を生きる」ことを志向するものであり、ユング的な意味での自己実現（真の自己の在り方の現実化）を目指すものでもあるでしょう。そうした気持ちの源を自己の内心に探り、それを意識化し、自己内対話を重ねて磨いていき、その実現に向けて絶えず自己を方向づけていく努力をしていきたいものです。

こうした大きな方向で人間力の育成を考えていく中で、具体的な資質能力として、少なくともこの3点については、不可欠なものとして考えておきたいと思います。

あとがき

良い機会に恵まれましたので、私自身がこれまで提言してきた「人間教育」＝人間的な成長・成熟を実現する教育のためのポイントを、プロローグからエピローグまで、40の提言として本書にまとめてみました。

「人間教育」は私自身の若い頃からの一貫した関心事です。人間的な成長・成熟とは何か、それはどのようにしたら実現できるのか、学生時代から友人達と議論してきました。そして心理学の研究者として出発してからも、教育研究に手を染めてからも、この問題が私自身の主要な関心事だったと言っていいと思います。とりわけ私が30歳になった1971年、シカゴ大学のブルーム教授が主管して開かれた6週間の国際セミナーに参加し、30数ケ国の教育専門家と交流する中で、国や文化を超えた人類普遍の人間的成長・成熟という課題について、またそれを実現するための手立てについて考える機会を頂いて以降、「人間教育」に関する課題意識が一層強化されたように思います。

そうした中で1989年8月には、ブルーム理論を基礎に教育実践研究を進めてきた東北・関東・東海・関西・九州の同志が湘南の藤沢に集まり、人間教育研究協議会を発足させました。この会は2014年には日本人間教育学会に発展しましたが、今日に至るまで同志の皆さんと御一緒に切磋琢磨を重ねてくることができたことは感謝です。

本書に述べる「人間教育」の基本理念や実践上の諸課題は、何よりもまず教育現場で日々子供に接しながら教育活動と取り組んでおられる教師の皆さんに、また教師になることを夢見て勉学に励んでいる教職志望の学生諸君に、十分御理解頂きたいと願っています。さらには、教育行政関係者や教育関係の団体・企業の関係者にも、そして父母の方々をはじめ教育や人間的成長といった問題に関心を持つ一般の方々にも、お目通し頂くことを念願しています。

教育の最終的な目標は、改めて言うまでもなく、一人の人間として自立し、世の中を生きる力と、自らの人生を生きる力とを身につけることです。そして、その成果は、主体的に、深く豊かに、生きることができるかどうかで確認されることになります。まさに「人間教育」こそが、教育の歩むべき本道と言ってよいでしょう。志を同じくする人達と連携協力しながら、日本の教育がそうした本道から逸れることなく歩んでいけるよう、今後とも微力を尽くしてまいりたいと考えています。

本書に収めた文章の殆どは、隔月刊の全国市町村教育委員会連合会編集発行『時報 市町村教委』（ぎょうせい制作印刷）に、「教育の不易」として連載したものを原形としています。この『時報　市町村教委』は全国の市町村教育委員会に配布されるものであり、教育委員の方々や教育長を初めとする教育委員会事務局の方々を読者としております。そうした方々の中には、幼稚園や小学校、中学校などでの教職経験のある方もおられますが、そうした経験のない方も少なからずおられます。したがって私の連載原稿も教育的なポイントは明確にしながらも、教育界に御縁のなかった方々にも御理解頂けるよう、表現等の工夫をしたつもりです。

本書には、「人間教育」の理念と実践に直接的に関わるものを選んで収録しており、本書での掲載順序も連載した際の順序とは異なっています。なお、プロローグと2つの文章は、『教育プロ』（ERP教育総合研究所）に掲載したものを、またエピローグは『教育フォーラム65』（金子書房）に掲載したものを原形としています。各文章の初出は以下の通りです。

プロローグ　人間教育への新たな決意を『教育プロ』（2018・1・15）

［第Ⅰ部］

1．自己の主になるということ［教育の不易37］『市町村教委』（2020・5・15）

2．〈我の世界〉を生きる力を［教育の不易4］『市町村教委』（2014・11・15）

3．心の深奥に聴く［教育の不易24］『市町村教委』（2018・3・15）

4．本物の自信とプライドを育てる［教育の不易9］『市町村教委』（2015・9・15）

5．子供の自己概念と教育［教育の不易2］『市町村教委』（2014・7・15）

6．たくましく個性的な人間性の涵養を［教育の不易27］『市町村教委』（2018・9・15）
7．社会を生き自分の人生を生きる力の涵養を［教育の不易30］『市町村教委』（2019・3・15）
8．「人間性の涵養」の具体的ポイント［教育の不易29］『市町村教委』（2019・1・15）

［第Ⅱ部］

1．子どもの内面世界にこだわりたい［教育の不易1］『市町村教委』（2014・5・15）
2．振り返りの習慣を［教育の不易28］『市町村教委』（2018・11・15）
3．感性を育てる［教育の不易18］『市町村教委』（2017・3・15）
4．知的な〈渇き〉を持たせたい［教育の不易21］『市町村教委』（2017・9・15）
5．学びへの〈促し〉を［教育の不易22］『市町村教委』（2017・11・15）
6．高齢化社会と生涯学習能力の育成［教育の不易5］『市町村教委』（2015・1・15）
7．自己のテクノロジー［教育の不易8］『市町村教委』（2015・7・15）

［第Ⅲ部］

1．「言葉の力」を育てる言語活動を［教育の不易6］『市町村教委』（2015・3・17）
2．書く活動による「言葉の力」の育成を［教育の不易7］『市町村教委』（2015・5・15）
3．直感と共感を超えた「言葉の力」の育成［教育の不易39］『市町村教委』（2020・7・15）

4．概念・論理・論理を鍛える［教育の不易25］『市町村教委』（2018・5・15）
5．真のアクティブ・ラーニングのために［教育の不易14］『市町村教委』（2017・7・15）
6．対話的な学習のために［教育の不易17］『市町村教委』（2017・1・15）
7．〈開示悟入〉で学習単元創りを［教育の不易41］『市町村教委』（2021・1・15）

［第Ⅳ部］

1．道徳性を育てる［教育の不易3］『市町村教委』（2014・9・15）
2．「残酷」に陥らないために［教育の不易10］『市町村教委』（2015・11・15）
3．生命の重さを実感する心を育てたい［教育の不易13］『市町村教委』（2016・5・15）
4．今こそ〈生命（いのち）〉の教育を［教育の不易26］『市町村教委』（2018・7・15）
5．開かれた宗教教育の振興を［教育の不易40］『市町村教委』（2020・11・15）
6．自己の向上・発展のための内的原理を［教育の不易23］『市町村教委』（2018・1・15）

［第Ⅴ部］

1．伝統・文化を学び直す［教育の不易11］『市町村教委』（2016・1・15）
2．〈お茶〉体験を大事にしたい［教育の不易38］『市町村教委』（2020・7・15）
3．「自然に」ということ［人間教育の道55］『教育プロ』（2016・9・6）

4．「和」と「慎」みの学び直しを［教育の不易33］『市町村教委』（2019・9・15）
5．「空」と「他力」と［教育の不易34］『市町村教委』（2019・11・15）
6．無常観を語る古典を観る［人間教育の実践課題19］『教育プロ』（2019・8・27）
7．義人ヨブの只管（シカン）に学ぶ［教育の不易36］『市町村教委』（2020・3・15）
8．天命を信じて人事を尽くす［教育の不易35］『市町村教委』（2020・1・15）
9．品格ある日本人の育成［教育の不易16］『市町村教委』（2016・11・15）
10．和魂人類才を目指して［教育の不易44］『市町村教委』（2021・7・15）
エピローグ　育成すべき人間力とは何か『教育フォーラム65』（2020・2・29）

本書に述べているところにつきまして、読者の方々から忌憚のない御意見御批判を頂くことができれば幸いです。

本書をこのような形で刊行するに当たっては、金子書房編集部の岩城亮太郎さんに多大なお骨折りを頂きました。ここに記して感謝の気持ちを表したいと思います。

２０２２年1月
大阪・箕面の寓居にて

梶田叡一

【マ行】

【ヤ行】

【ラ行】

【ワ行】

【ハ行】

【ナ行】

【タ行】

【サ行】

索　引

著者紹介

梶田 叡一（かじた・えいいち）

1941年島根県松江市に出生、鳥取県米子市で育つ。京都大学文学部哲学科心理学専攻卒、文学博士（京都大学）。国立教育研究所主任研究官、大阪大学教授、京都大学教授、兵庫教育大学学長、などを歴任。この間、教育改革国民会議委員、中央教育審議会副会長・初等中等教育分科会長・教員養成部会長・教育課程部会長なども務める。現在は、聖ウルスラ学院理事長、日本語検定委員会理事長。

主な著書に、『自己意識論集（全5巻）』（東京書籍）、『和魂ルネッサンス』（ERP）、『不干斎ハビアンの思想』（創元社）、『教師力の再興』（文溪堂）、『教育評価を学ぶ』（文溪堂）、『〈いのち〉の教育のために』（金子書房）、『人間教育のために』（金子書房）など。

人間教育の道　40の提言

2022年3月31日　初版第1刷発行　　　検印省略

著　者　梶田叡一

発行者　金子紀子

発行所　株式会社　金子書房

〒112-0012 東京都文京区大塚3-3-7
TEL 03-3941-0111〔代〕／FAX 03-3941-0163
振替 00180-9-103376
URL https://www.kanekoshobo.co.jp

印刷　藤原印刷株式会社　　製本　島田製本株式会社

ISBN978-4-7608-3044-2　C3037　　Printed in Japan